道之理

隋毅 著

中国财富出版社有限公司

图书在版编目（CIP）数据

道之理 / 隋毅著 . -- 北京 : 中国财富出版社有限公司 , 2025. 3.

ISBN 978-7-5047-8411-7

Ⅰ . B223.15

中国国家版本馆 CIP 数据核字第 20257FF590 号

策划编辑	李小红	**责任编辑**	贾紫轩　陆　叙	**版权编辑**	武　玥
责任印制	尚立业	**责任校对**	庞冰心	**责任发行**	杨恩磊

出版发行	中国财富出版社有限公司		
社　　址	北京市丰台区南四环西路 188 号 5 区 20 楼	**邮政编码**	100070
电　　话	010-52227588 转 2098（发行部）		010-52227588 转 321（总编室）
	010-52227566（24 小时读者服务）		010-52227588 转 305（质检部）
网　　址	http://www.cfpress.com.cn	**排　　版**	宝蕾元
经　　销	新华书店	**印　　刷**	北京九州迅驰传媒文化有限公司
书　　号	ISBN 978－7－5047－8411－7/B・0581		
开　　本	710mm×1000mm　1/16	**版　　次**	2025 年 6 月第 1 版
印　　张	13.75	**印　　次**	2025 年 6 月第 1 次印刷
字　　数	194 千字	**定　　价**	48.00 元

前言

巍巍华夏，泱泱大国，中华民族拥有珍贵而悠久的历史文化。近年来，传统文化正在逐渐复兴。中国古代的服装、书法、绘画、曲艺、医学等越来越受到人们尤其是年轻群体的关注和喜爱。我们的国家也在大力倡导文化自信、文化传承和复兴传统文化。

那么对于复兴中的传统文化，大家如何看待呢？我想大家可能见仁见智。有人认为传统文化中的一些内容是封建礼教，其倡导的专制特权、愚忠愚孝、男尊女卑、包办婚姻等思想毒害大众，现在已经是文明社会，封建的余毒应该舍弃。有人认为人类已经迈入21世纪，科技创新才是主旋律，况且我们已经步入人工智能时代，许多工作都可以交由人工智能完成，我们应该与时俱进，而传统的东西已然过时，对我们再无意义。有人认为现在所谓复兴传统文化就如同时尚潮流一般，不过是周期性的转变而已，持续时间不会太久。有人认为如今的复兴恰好证明了传统文化具有蓬勃的生命力。这类人认为传统文化是古人智慧的结晶，是对人性的思考、历史的反思、规律的总结，这些宝贵的精神财富应该传承下去。

大家对复兴传统文化持赞成态度也好，反对态度也罢，每个人的禀赋不同，经历不同，认知不同，所持观点存在差异实属正常。但是，如果对这个问题进行深入思考，我们会发现，大家观点的迥异只是矛盾的表象，表象折射出的问题根源在于：传统文化对于今天的我们到底是“有用”还是“无用”。我将通过事实来验证传统思想文化对我们如今的生活是否还具有帮助和指导作用。

那么如今我们的生活是怎样的呢？在历经百年风雨之后，我们迎来了新中国的成立。在历经“摸着石头过河”的改革开放之后，我们的新中国迎来了举世瞩目的进步和发展。当前，我们的国家正处于中华民族伟大复兴的上升时期。在这样的背景下，对于这个时代的个体而言，国家强大了，百姓的物质生活改善了，现在的我们再也不必为温饱问题而担忧苦恼。尤其是全面建成小康社会之后，中国人民的生活质量更上一层楼。这是我们伟大的国家取得的一项惊人成就。

然而，一阴一阳之谓道，事物的发展往往具有两面性。从另一个角度看，社会经济的快速发展也带来了诸多问题。我们在物质丰裕的同时，似乎开始出现精神财富的缺失。这个时代变成了一个“内卷”的时代，竞争开始成为我们生活的主题。大家都在为争取更好的生活条件而努力，生活节奏越来越快，压力越来越大。物质生活的改善，似乎并没有给所有人带来成正比的幸福和快乐，很多人的生活反而失去了平衡。压抑、焦虑甚至抑郁开始出现在人们的精神世界。特别是生活在一线城市的青年人，每逢夜晚，一种孤独、茫然和无力感常伴随左右，他们辗转反侧，难以入睡。也有越来越多的人开始思索和追寻生命和生活的意义究竟是什么。

看到这里，很多朋友会说，这个问题很简单，人烦恼的根源还是在于没有钱，或者钱还不够多，金钱可以治愈百病，有了足够的财富后这些问题都会迎刃而解。确实，“如何快速搞钱”似乎已经成为这个时代的人最关心的话题。但是金钱真的就是人生的全部意义吗？拥有了足够的财富后人生就圆满了吗？有钱人就没有烦恼和痛苦吗？在工作中，我时常能接触一些所谓“有钱人”。当我采访他们：“什么才是你人生中最在意的东西？”他们给出的答案往往并不是金钱，大部分人的答案是健康和家人。他们说，自己确实得到了金钱，但同时也牺牲了大量的时间和自由，甚至友情、亲情、健康。他们得到了普通人所没有的东西，也失去了普通人所拥有的东西。没有金钱的时候，他们认为金钱很重要，为得不到金钱而烦恼；而当有了金钱之后，他们又有了另一种烦恼。更有甚者，由于难以控制对金钱的欲望，无法抵御财富的诱惑，他们失去了敬畏之心，在“取财”的路上走错了路，最终付出了惨痛的代价。如今，我们偶尔在各类媒体中看到某官员被审判，某企业高管被调查，某机构或单位被处罚，这些都是现实中鲜活的案例。

由此看来，没钱的人固然有没钱的苦恼，有钱的人似乎又有有钱的难处。金钱可能并非生命存在的真正意义。这个现象的背后是不是还有更深层的问题值得我们思考呢？是不是我们忽视了一些东西？我们追求物质的充裕和更加美好的生活无可非议，但这应该成为我们人生的主题吗？人生到底应该追求什么呢？

从小到大，很少有人正式且认真地对待过这个话题——人生的意义究竟是什么。小时候，长辈告诉我们要好好学习，考取好大学，拿到好文凭，获得好工作。于是，我们终日勤奋地学习知识，一级一级地往上攀爬台阶，但是这么多年的学习过程中，我们并没有从书本中得到人生的意义是什么的答案。没有哪一门学科告诉我们，人这一辈子应该如何面对自己、家人、朋友、社会、生命。所以，当我们步入社会后，大家常常会感到茫然无力，手足无措，只能在岁月的锤炼和生活的磨砺中渐渐去体会、感悟和总结。

既然现状如此，传统文化能否解答当前的问题呢？古人是否也和我们一样，他们是否也曾面临和我们一样的苦恼呢？由于生产力水平的差异，在物质生活上，古人肯定远远落后于现在的我们。那么在精神层面呢？我们知道在文化教育方面，士人自幼学习传统文化经典，内容包含文学、哲学、历史、伦理、修养等，其中文学是根基，哲学是思想理论，历史是对思想理论的验证，伦理和修养是自我实践的指导方法。这些内容恰恰是三观教育的方法论，是一个人来到世界上的生存指南，对一个人的修身、齐家与事业具有莫大的帮助。可见，古人往往更加注重道德思想方面的精神教育。

当然，事物皆处于不断变化发展中，当某个东西被过于推崇时，就会过犹不及，走向与初心对立的方向，反而成为其进步的障碍。以儒家为例，儒家思想就是在这样的过程中被封建制度所利用。封建制度禁锢了社会的进步和发展，使我们的民族经历了百年的屈辱史。到后来，我们开始学习西方，学习西方的思想、制度、知识、技术，将传统的元素视为封建糟粕而统统摒弃。

我们承认西方的文化中有值得借鉴和学习的地方，但是西方的文化真是完美的吗？完全照搬是不是走向了另一个极端呢？要知道，西方的思想文化以私有制为根基，倡导为了私有利益而发展。因此，西方的制度明确保护私有财产，主张私有财产神圣不可侵犯。我们在引入西方文化的过程中，自然而然亦受到其“私有”思想的深刻影响。况且，中国人非常聪明，善于举一反三。如今我们会发现，在很多方面我们似乎已经“超越”了西方。我们每天受到从电影、电视剧、短视频、游戏、图书、音乐等渠道接收到的信息的影响，面对物欲观念的冲击，越来越多的人迷恋金钱和权力，越来越多的人热衷于奢靡和享受。很多人甚至将人生的终极目标定位于占有财富、名誉和权力。

究其根源，我想问题还是出在认知方面，主要因为我们受“私有”观念影响过深。另外，我们又极少接受真正的三观教育、人生方法论教育，不知道人生方向是什么，如何才能走好人生之路。所以，当前越来越多的人变得凡事只考虑自己，遇事只讲求利益，事事以“私”和“利”为中心。长此以往，我们的国家和社会将发展成什么样子？子孙后代们又会变成什么样子？这已然成为我们现在迫切需要思考的问题。

看到这里，有的朋友会问，我们为什么要现在来讨论这个问题？这是因为当前恰恰是一个关键的节点。改革开放四十多年走到今天，我们既经历过成功，也有过失败。现如今，恰好是一个旧周期即将结束，一个新时期即将开始的转型阶段。如果大家都处于周期的上升阶段，人人都在享受红利，就不会有深刻的反思。而当我们进入一个周期的末端，许多问题就会暴露出来，很多结果也可以得到有效印证。所以，当社会转型的节点来到，我们看到了变化的时局，就可以很好地看清潮起潮落，看清人类的本性，再结合大家的切身体验，可以帮助我们验证传统文化内容的有效性。

当然，传统文化的范畴非常广泛，涵盖思想理论、诗词文学、医药方术、音乐戏曲等诸多领域，涉及士农工商等诸多阶层。在本书中，我们将探讨的内容集中于思想理论。因为在各领域中，思想理论是根源，来源于实践又可以指导实践，能够真正引发我们思考并且指引我们行动的方向。而在众多的思想理论中，本书选择的是道家思想。

在整体结构上，本书以《道德经》这部代表道家核心思想的经典为主要阐释文本，同时结合《黄帝四经》《周易》《庄子》《列子》《中华道藏》中部分经典内容辅以佐证。希望能够帮助大家从学理层面更好地了解道家思想，并且让大家在日常生活工作中真正运用道家思想。

本人才疏学浅，自认为无法阐释经典精髓之万分之一，书中内容仅为个人粗浅的见解和感悟，旨在抛砖引玉，能够引起大家对传统文化的兴趣。如果大家认为阐述得有道理，那其实是古圣先贤的智慧通达。如有不通之处，那实在是因为本人太愚钝，无法完全参透先贤智慧，还请大家多多给予批评指教。

目录

概 要

《道德经》是春秋时期老子所著，又称《道德真经》《老子》《五千言》《老子五千文》，是道家哲学思想的重要来源。有些人认为，道家思想是从老子的《道德经》开始的，以为老子最先提出了“道”和“德”的概念。这里我们需要知道，所谓“道”和“德”仅仅是一对代号，用以描述世间万物的本源以及其发挥的功用。《道德经》是老子所著，但就道家精神而言，可追溯至伏羲。伏羲是上古三皇之一，他一画开天，创立了八卦，其中蕴含天人和谐一体以及阴阳生克转化的思想，开启了中华民族的文化之源。同时伏羲亦是中医的始祖，他尝百药而制九针，开创了中医的理论根基。所以，我们会发现中医的医理也是建立在“天人合一”基础之上的。

《道德经》分为上下两篇，其中上篇《道经》有三十七章，下篇《德经》有四十四章，合计九九八十一章。《道经》讲“体”，《德经》讲“用”。那么究竟什么是“体”，什么又是“用”呢？这些概念略微有些抽象。我们知道，中国古代文字曾被篆刻在龟甲上，所以古人的语言表达力求言简意赅，这就导致一个汉字往往代表多种字义，想要准确解读就需要我们结合文章主旨和历史环境来体会，也就是说学习传统文化我们要有一些“悟性”，不可以聚焦于文字的某一两个含义，要打破原有的思想认知和思维的禁锢，仔细品味和感受古人的真实意图，身临其境地去领会文字背后的精神。

《道德经》的“体”和“用”亦是如此。这个“体”我们可以比作“身体”，是生命的载体，我们把“道”比喻成万物的本体，它是世间一切事物的起源和本质。《道经》阐述天下万物是如何诞生、怎样构成以及具有哪些属性。而“德”则讲的是“运用”，这个本体具有哪些功能、作用和变化，好比我们应该如何运用身体来工作、学习、吃饭、睡觉。《德经》阐述如何基于“道”的本体发挥作用，因势利导，顺势而为。当然，以上解释仅是一个简单比喻，目的是方便大家有一个初步的理解，我们可以在后文中逐渐体悟其中的深义。

市面上《道德经》的版本诸多，但总体可以分为两类，一类是我们现在更易读到的传世版，《道经》在前，《德经》在后。另一类是在马王堆出土的帛书版，《德经》在前，《道经》在后。阅读帛书版的《道德经》就如同开展了一个项目，大家亲自参与了整个过程，有了切身的体验和感受，项目结束之后，我们总结复盘，反思并提炼出一套理论精华，方便大家印证。这其实非常符合中国人务实的特点，亲自验证后才会相信。同时，《德经》在前也可以避免人们在开头看到过于抽象的内容而就此放弃。反之，如果《道经》在前，则可以让我们在认知和见地上有所领悟，而后更深入地指导我们的实践和运用。

部分人认为不同版本的《道德经》在内容顺序、文字上存在差异，这会导致我们对经典的理解天差地别。对此我们倒不必过于纠结。因为，对于世间万事，重要的是我们能领会其核心的“神”，而非其独立的“形”。所有外在文字（形）的表述都是为了让我们能够理解内在本质（神）。《道经》与《德经》哪个在前哪个在后其实是“形”上的问题，对于我们理解《道德经》乃至道家精神来说并没有什么影响。《道德经》五千言，每一章皆蕴含老子“大道无为”的思想，“道”与“德”的核心精神未曾发生丝毫变化，所以个别文字表述和段落顺序上的差异并不会影响我们对经典的学习。

此外，我们需要明了，《道德经》不仅仅是一套哲学理论。老子借用世间的各种现象来阐释整个宇宙的产生、构成、运行规律和变化法则。经文中涉及很多“形而上”的内容，较为抽象且难以领会。因此，本书在阐述方式上也有所不同。我们将优先讲述学习《道德经》的原则以及几个核心概念。当我们明确了学习目标并且初步知晓了经典的核心概念后再去学习、研究“形而上”的理念就会相对容易。当我们了解《道经》的“体”之后，再去研究《德经》，学习如何将“形而上”的思想贯彻于“形而下”的实践应用，这样就会更加具有指导意义。在学习方法上，我们将采用“以经释经”的方式，结合其他道家典籍来辅助理解《道德经》，相信这样的方式会更有利于我们全面领悟道家思想。在内容上，我们追求以“干货”为主，其他内容如诸子百家及其时代背景等基础知识，大家可以通过各种渠道自行获取，本书不再赘述。

学习的原则

学习某种思想、文化、知识、技术，无论是中国的还是外国的，最重要的法则是理解其“神”，而不是纠结其“形”。学习任何内容，关键在于掌握它背后的思维核心，而非它的外在表现形式。这就好比与领导沟通工作，我们要做的并不是把领导所说的话一字不落地背诵下来，而是领会其想要表达的真正意图，按照其真正意图去贯彻实施。

那么这个所谓“神”到底是什么呢？说实话，我们很难用语言准确且形象地描述。事物的“神”可以是事物产生和存在的根本原因；可以是事物运转的潜在规律法则；可以是事物的核心，是其运行的动力；可以是问题的根源；可以是通过实践感悟出的真知、经验和教训；可以是事物的内在逻辑，是外在行为背后的“理”。正因如此，本书命名“道之理”，其实也是希望能够更加清晰地阐释道家思想的“神”。

当我们掌握了事物的“神”之后，对于其外在的“形”自然会一通百通。这就好比拥有了一把万能钥匙，无论遇到何种样式的锁具，我们都可以轻松打开。但如果我们从分散孤立的“形”入手，在不理解其背后真实意义的情况下行动，就容易迷失方向、浪费大量时间和精力，而且最终得到的答案很可能是存在偏差的。这就如同盲人摸象，当我们知晓大象的整体形态后再去触摸大象，就会很容易判断出大象的各个部位；反之，如果我们从未见过大象，仅从局部来判断，则会十分困难。

比如，现实中，很多朋友在背诵英语单词时感觉难度很大，但是如果我们了解单词的演变过程，掌握词汇背后的衍化逻辑，通过词根词缀来理解和记忆单词的含义，就会既准确又不容易遗忘。汉字也是一样，假使我们理解了象形、指事、会意、形声的构造方法，通过文字的构造规律来学习，就可以更好地领悟汉字背后的实象真意。道家的米晶子张至顺道长，虽未接受过正规学校教育，却能够根据汉字的构造来解读文字深藏的含义，这也是因为他掌握了文字的“神”。

又如，生活中很多家长在辅导孩子作业时会“血压飙升”。孩子做数学计算题，反复将2+2算成5，为什么如此简单的问题，孩子就是学不会呢？这其实就是因为孩子没有掌握数学的“神”与算术的“理”。他们不理解数学的意义，不清楚数学在生活中的使用场景，也未实际体验过数学的应用，所以很多孩子在学习时都是在学习“形”。学习“形”的结果就是用脑去背诵，而不是用心去体会。单纯用“脑”去背诵的知识往往非常容易被遗忘，而用心感受到的东西则会体验深刻。所以，未体会到学习的“神”的孩子会认为学习是枯燥乏味的。

反观小朋友们玩游戏为什么不用教呢？因为他们在用心玩，眼睛在看、耳朵在听、手脚在操作，成功和失败都有结果反馈，自己还会总结经验教训。所以当我们问孩子：游戏中有哪些有趣的事情？通关的诀窍是什么？他们会毫不费力且富有激情地应答。因为这些是他们从实践中获取的，不需要刻意去记忆。他们自己在亲身实践中总结出了游戏的“神”。其实，我们现在学习的知识亦是前人“玩”出来的经验总结。我们在学习这些总结之前，如果设想自己就是前人，站在对方的角度去推导整个“玩”的过程，厘清其背景和原理，那么学习就会变得简单了。孔子说：“学而不思则罔，思而不学则殆。”这个回归的过程就是真正的“思考”。所以，对于学习而言，只有掌握了无形的“神”，掌握了背后的“理”，才算是真正入门并掌握了学习的本质。

再如学科教育中的历史、道德、政治、哲学，很多朋友认为这些学科和知识是无用的。其实，按道家思想来看，最无用的就是最有用的。这些学科本应是教育中的“神”，它们是非常好的认知教育、社会教育、人性教育、情感教育。我们可以从这些学科中体会历史周期的更迭、感受人性的本质、掌握处事的原则、领悟人生的意义、总结成功的法则。我们看沃伦·巴菲特、查理·芒格、乔治·索罗斯、瑞·达利欧、霍华德·马克斯——这些资本市场的大咖，有哪一位会说历史、道德、政治、哲学是不重要的呢？他们每个人穷尽一生来总结自己的商业投资和生存哲学。我们时常看到的金融市场的形势对比分析——当前形势类似于以往哪个时期、当时背景如何、走势如何，这不就是历史的功能吗？不就是周期的变化吗？巴菲特所说投资中最重要的“理性”，本质上与东方哲学中的“清静无为”异曲同工。而“别人贪婪我恐惧，别人恐惧我贪婪”的投资智慧，恰如《周易》中“阴阳相生相克”的辩证思想。

可惜现在的学校和家长将目标重心放在“分数”上，专注于利用各种“形”的技巧来提升孩子的成绩。很多孩子不明所以，学习时一味死记硬背，背完又很快遗忘，非常辛苦。他们搞不清学习的目的何在，更不懂得如何应用所学知识，只是为了学习而学习。所以，当他们毕业走向社会，同样还是只有“形”没有“神”，会学习但不会做事，遇到问题手足无措，可谓“六神无主”，很多人走了很多弯路，着实令人叹息。

不仅仅学校教育如此，在当今的现实社会中，我们大多数人也把精力聚焦于“形”，时常忘记了事物的“神”究竟是什么，做事的根本目的是什么，进而被表象所迷惑。一个家庭的“神”是慈爱孝悌，而不是“金钱与物质”或者“是非对错”，但我们常常因为这些而苦恼。要知道，若家庭因金钱而组成，日后也必会因此而离散。若家庭总在纠结“对错”，那么家人之间必定纠纷不休、争吵不断。一家企业的“神”应该是如何为他人和社会提供更好的服务，解决更多的需求和问题，从而赢利。但当它把注意力只集中于如何攫取更多的资源，如何快速完成财务指标赚取高额收益时，这家企业就已经失去了“生命力”而逐步迈向“死亡”。因为这些举措必将伤害客户，伤害合作伙伴，最终失去客户和合作伙伴，企业必然倒闭。

中国的先贤很早就意识到这个问题，他们将自己的观察、思考、感悟和经验总结归纳，形成了理论体系，这是他们的智慧结晶。他们希望帮助后人少走弯路，进而能将这些智慧结晶更好地用于生产和生活实践。这也是我推荐大家学习道家思想的原因。希望大家在学习的过程中，能够深入地去体会、去验证，将这些智慧的结晶真正融入自己的思维体系和日常行为举止，使道家思想能够真正成为我们人生实践之路的指引。

在本篇的最后，还有一个重要的建议送给大家，那就是学习道家思想要秉持一个开放接纳的态度，我想这样可能更容易达到交流沟通的效果，这种虚怀若谷的心态也恰恰是道家思想的精髓。反之，如果我们纠结于细枝末节的差异，争执于自我的思想主张那就是以“形”役“神”，本末倒置了。

下一篇，我们将探讨道家思想的“核心概念”。核心概念中的内容较为抽象，概念与概念之间彼此交织，相互作用，你中有我，我中有你，相对难以理解。大家不要担心，“核心概念”的阐述只是为了便于大家由浅入深地理解“道”与“德”的概念，并非对道家思想的诠释。所以，在前期大家只需简单了解即可，在后面的主体内容中，我们会逐步展开深入探讨。

核心概念

【概念一　易】

第一个重要概念是“易”。中华文化博大精深，所谓“《易》者，象也；象也者，像也。”如同《周易》的卦象一样，每个汉字的背后其实都有一幅生动的图画，这幅画往往可以展现出诸多含义。所以，我们在理解一个概念时，不可以局限于“形”，重点在于领会其“神”，以广义和包容的态度从整体上综合领会。

“易”这个字在现代有容易、平和、轻视、交换、改变等含义，它背后的“图像”代表变化，表明世间万事万物无不在动态的变化之中。生活中，我们时常感慨“世事无常”，这里的“无常”是没有恒常，也就是“易”。这个世界的一切物质和非物质现象不会始终保持在某一个状态，这一秒的“我”与上一秒的“我”以及下一秒的“我”已然不是同一个“我”了，一切事物皆无常态，都在变化。

我们生活在这个美丽的蓝色星球上，日夜交替，寒来暑往，没有永远的白天也没有永恒的黑夜，没有持续的酷暑也没有永远的寒冬。大家钟情于假日的快乐时光，但是我们会不会永久地停留在假日中呢？不会，假日总会结束。大家喜爱于团圆的美好时刻，但是我们能不能永久停驻在团圆的状态中呢？不会，分别总会来临。人生总有那么一瞬异常美好，我们甚至希望永远停留在那一刻，但是我们能做到吗？不能，那一刻转瞬即逝，不可留也留不住。万事万物就是这样无时、无刻、无处不在变化，这就是“易”。

很多朋友会说，这个道理谁不知道呢？有什么稀奇呢？的确，每个人都知道这样简单的道理。但我们大多仅限于理解“易”的“形”，而非“易”的“神”。真正能够将“易”的观念融入思维，并将其作为一种人生抉择和行为标准的人则少之又少。为什么这样说呢？现实生活中的大多数人在潜意识中都希望乃至默认这个世界是“不易”的。

为了更好地理解“易”，我们可以借助太极图进行观察。我们假设图中白色的部分为“阳”，黑色的部分为“阴”，“阳”中有“阴”，“阴”中有“阳”。当我们处于“阳”的状态下，“阴”就已经在生根发芽了，并且开始推动我们向“阴”的方向转化。假如我们处于“阴”的状态下，“阳”就已经埋下伏笔了，这一伏笔也许最终会成为颠覆性的力量，将我们推向“阳”。这是世间阴阳的变化之道，没有任何一事一物能够脱离。

因此，当我们身体健康时，要经常提醒自己保持良好的生活习惯，修养身心。当我们活着时，我们要时常提醒自己珍惜当下的每分每秒。当我们成功时，我们要保持初心、冷静克制，告诉自己成功来之不易，失败有可能就在我们身边。当我们富足时，我们要保持危机感，懂得慈善利他。同理，当我们在低谷时，我们要保持希望，告诫自己虽然现在不顺利，但这一刻不会永久不变，要珍惜这次难得的磨炼机会，积蓄力量，等待崛起的机会。

孟子说，生于忧患死于安乐。我们发现，真正的高人其实并不畏惧逆境，因为他们知道忧患的逆境才是真正磨炼自己成长的时机，风雨之后见彩虹。真正的高人反而对顺境格外小心，因为他们晓得安乐的顺境会让人放松警惕，麻痹大意，稍不留神就会落入万丈深渊，所以他们总是在顺境如履薄冰，加倍小心。然而，具备这种思维的人在现实中可谓凤毛麟角。这一点，我们通过观察财富榜上的企业家就可以得到很好的验证——十年前上榜的富豪今日依旧在榜的又有几人呢？这是因为财富榜也在“易”，也在变化啊，这就是“易”的道理。

【概念二　阴阳】

第二个重要概念是“阴阳”。“阴阳”的概念较为抽象，需要我们用“心”去体会和感悟，而非用“头脑”去思考和推理。如果我们用“心”去唱一首歌，那么这首歌将会饱含情感；如果用“头脑”去唱一首歌，那么这首歌则会充满技巧。这两种方式所带来的听觉效果截然不同。

谈到“阴阳”这个概念，为了便于读者理解，我们借助《黄帝四经》一窥端倪：“天阳地阴，春阳秋阴，夏阳冬阴，昼阳夜阴。大国阳，小国阴；重国阳，轻国阴。有事阳而无事阴，信（伸）者阳而屈者阴。主阳臣阴，上阳下阴，男阳［女阴，父］阳［子］阴，兄阳弟阴，长阳少［阴］，贵［阳］贱阴，达阳穷阴。取（娶）妇姓（生）子阳，有丧阴。制人者阳，制与人者阴。客阳主人阴。师阳役阴。言阳黑（默）阴。予阳受阴。”

这段话的含义是，认知所有事物和现象都须以阴阳理论作为总则。上天属阳而大地属阴，春天属阳而秋天属阴，夏天属阳而冬天属阴，白天属阳而夜晚属阴；大国属阳而小国属阴，强国属阳而弱国属阴；行动属阳而不动属阴，伸展属阳而屈缩属阴；君主属阳而大臣属阴，上级属阳而下级属阴，男子属阳而女子属阴，父亲属阳而儿子属阴，兄长属阳而弟弟属阴，年长属阳而年少属阴，高贵者属阳而卑贱者属阴，富达者属阳而穷困者属阴；娶妻生子属阳而丧葬之事属阴；制服人者属阳而被制服者属阴；客人属阳而主人属阴；出师进攻属阳而被动防守属阴，言语属阳而沉默属阴，给予属阳而接受属阴。

由此我们可以看出，“阴”“阳”并非具体的“实有”，究竟意义上说，世界上并不存在真实确切的“阴”与“阳”。它们实际上只是我们命名的一种代号，代指无数种对立的现象或者非此即彼的状态。这种对立，既包含有形有相的对立，亦包含无形无相的对立；既有时间维度上的对立，也有空间维度上的对立。世界万事万物皆是对立的统一体。

“阴”与“阳”从何而来呢？前一个概念中，我们介绍了“易”的概念，讲的是世间万物都处在无常的变化之中。当我们辨识到事物状态发生了改变的那一刻，事物已不再是原始的样子了，如果事物依旧保持原始的样子，那就是未发生变化，就是始终如一，就不会有对立的现象，没有对立自然就不会有“阴”“阳”了。反过来说，当我们意识到事物发生了变化，就状态而言，已经不再是“一”的状态了。

那么我们是如何感受到事物状态发生了变化呢？是什么功能让我们感受到事物现在的状态和之前有所不同呢？我们把这个功能称为“识”，它起到“分辨”“识别”的作用。我们就是通过这种作用去辨识事物状态的差异和改变，同时这种作用也是《道德经》中最重要的概念，它体现在“阴”和“阳”、“有”和“无”、“美”与“丑”、“善”和“不善”的分别之中。

我们去认知一个事物之前，心中是否已然有一丝“分别”？可能我们自己没有意识到它，但它确定真实存在。我们身体的感官就是为了“分别”而存在，眼睛分别“色”，耳朵分别“声”，舌头分别“味”，意识分别“法”……因为有了“分别”我们才知晓事物发生了变化，如果没有“分别”，万物将不会是“万物”而是“一体”。

以声音举例，声音的本质是一种波动。我们通过分辨声波的差异性，赋予不同声波以不同的含义。然而，当我们聆听一段外语文章时，如果我们不曾学习该语言，我们曾经赋予各种声波的含义也不再具有意义，无法发挥

“分别”的作用自然就无法领会文章表达的含义。那么这篇文章对于我们而言，其实和虫鸣鸟叫并无差异，仅仅是一段声波而已。

这世间所有事物和现象的概念、定义其实都是如此，都是因为我们的“分别”而命名的。这个人是爸爸，那个人是妈妈；这个物品是书，那个物品是手机；这是太阳系，那是银河系。我们还把学科划分为物理学、化学、生物学、心理学，认为它们是独立的学科。其实，在我们剥离掉所有“分别”的差异后，一切的行为、功能、作用本是“一体”。

我们观察太极图看到了黑与白两种颜色，将其命名为“阴”和“阳”，这就是分别的作用。当我们辨识一种状态时，自然会反衬出另一种状态。例如我们在分别性地定义“阴”的同时，已经分辨且反衬出了一个“非阴”（“阳”）的概念，在定义“阳”的同时，已经分辨且反衬出了一个“非阳”（“阴”）的概念。道家把“分别”出来的一系列“对立”的存在命名为“阴阳”。因此，所有的“分别”都有“阴阳”。我们感受到了“万事万物”，命名了“万事万物”。“万事万物”都处于“阴”“阳”之中。

仍以《黄帝四经》的“阴”“阳”内容为例，一名男子在朝堂上既是君王的臣子又是所在区域的高官，在家族里既是父亲的儿子又是儿子的父亲，他是多重“阴”“阳”的复合，而这些“阴”“阳”又都处于不断地变化之中，此消彼长，相互影响，构成了“动态”中的人。所以，道家认为世间万事万物皆是“阴”“阳”的对立统一体，这种对立统一超越了有相和无相、物质和精神、时间和空间。

追根溯源来说，万物是因为“分别”作用而辨识出“阴阳”。道家思想的核心观点是以“抱一”的态度看待这个世界，而“抱一”其实就是放下“分别”的“二”，回归本源的“一”。老子在《道德经》第一章就提出了“有”和“无”的概念，两者同出而异名。这其实在讲“阴阳”从表面上看是有分别，但实际上又是无分别，二者本是一体。

因为“阴阳”的概念至关重要。所以我们下面借用《周易》的内容来辅助理解。伏羲一画开天地而创立八卦，我们就从此处入手分析。注意！当有个“一”被画出来、被“分别”出来时，整个寰宇就不再是初始的那个“一”了，那个原始的清静的寰宇才是真正的“一”。因为当有个“一”被定义时，这个概念之外的东西就不是“一”了，已经有个“非一”的概念同时被映衬出来了，就已经产生“二”了。如同我们在一整块蛋糕上切一刀，蛋糕就已经被分成两份。在没有“分别”之前，那个蛋糕的整体实质才是真正的“一”。伏羲的这一画随即分别出了“阴阳”，他用“⚊”表示“阳”，用“⚋”表示“阴”。

“阴”从何而来？“阴”是从那一刀划出来的，没“分别”的时候就是一整块蛋糕，切分之后，就分出了“阴阳”。道生一,一生二,二生三,三生万物。那个“一”，那个未被切分的整块蛋糕其实是本体，就是无极的大道。蛋糕被切分后，生成了“阴阳”，“阴阳”并非实体，而是状态。“阴”和“阳”就是太极生的两仪，这两仪代表着“动”与“静”的状态。而后，两仪又可以继续发生分别和变化，当它们构成两爻的排列组合时，会形成四种现象，这就是“四象”，诸如昼夜四时、春夏秋冬、生老病死等类似时间周期的概念。当它们构成三爻的排列组合时，就会形成八种图形，这就是八卦，各代表天、地、水、火、风、雷、山、泽，演示着乾坤天地的阴阳变化，仿佛世界的“空间要素”。随后，动静状态、时间周期与空间要素彼此又可以两两组合，形成六爻的排列组合，即六十四卦，描述了时间空间组合下六十四种大类场景和现象。世间万物都是在这个时空中诞生的。阴阳的组合越多，形成的物质现象就越复杂。

当然，我们在这里采用最简单的案例阐述阴阳与万物的关系，实际上它们的关联、分别、变化异常复杂和抽象，无法用言语解释清楚。这也是老子说“道可道，非常道”的原因之一。因为万物之间、阴阳之间还会彼此嵌套，彼此分别，彼此影响，彼此作用，从而形成新事物和新阴阳。

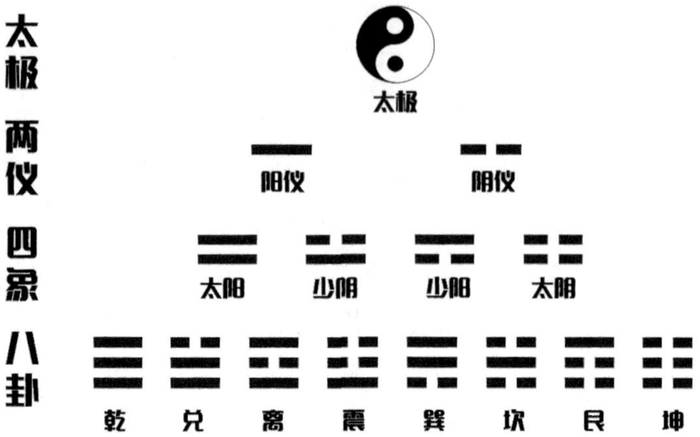

我们再尝试调转角度来反观这个世界。我们生活在这个由“阴阳”组成的世界中，我们的身体和精神都有“阴阳”，自然时刻受“阴阳”的影响。“阴阳”又出自“分别”，所以我们的身心又时时刻刻针对已有的“阴阳”继续发挥“分别”的作用，“分别”继续产生“分别”，这就产生了所谓“执着”这种“执着”突出表现在我们会偏爱“阴”或“阳”的某一面。比如说我们喜欢健康，不喜欢疾病；喜欢美丽，不喜欢丑陋；喜欢富贵，不喜欢贫穷；喜欢强大，不喜欢软弱；凡事喜欢追究对与错，认为这个世界非黑即白；等等。

在本书中，我们将这种偏爱二元中某一面的思维现象命名为“二元偏执”。即我们习惯且偏爱站在蛋糕的这一半来评判蛋糕的另一半，而这样的结果也会导致我们失去了“一”的视角，无法以整块蛋糕的视角来处事。这就如同我们站在了太极图中“白”的一面，自然失去了理解“黑”的机会，无法认清太极全局的大势了。

一直以来，我们饱受这种“二元偏执”的思维影响，它会影响我们的判断，左右我们的选择，继而产生不同的结果，给我们带来不同的境遇，有快乐亦有烦恼，有坦途亦有挫折，有生存亦有死亡。可以说，世间的一切生死忧悲苦恼皆来源于这种偏执，因为我们总是偏爱阴阳中的某一面而厌恶另一面，当我们的偏爱无法被满足时，烦恼痛苦就随之产生了。

《庄子·逍遥游》中有这样一则故事。蜩（tiáo）与学鸠笑之曰："我决起而飞，抢榆枋而止，时则不至，而控于地而已矣，奚以之九万里而南为？"文章中，蝉与学鸠讥笑大鹏鸟说："我们奋力一飞，就能冲上榆树、檀树的枝头，有的时候飞不到那就落在地上，生活多么逍遥自在，哪里需要飞上九万里而去南海呢？"

蝉与学鸠认为飞上榆树、檀树就已经可以体验到飞翔的感觉，生活逍遥自在，你大鹏鸟何必要飞上九万里高空前往南海呢？这则故事就反映了"二元偏执"的现象。因为有了这种思维，蝉和学鸠永远也无法体会到飞翔于九万里高空俯视寰宇是怎样的感受。反之，大鹏鸟也无法体会到蝉与学鸠的安然自在。它们的思想都只占了"阴阳"中的一面，无法体会到另一面的感受，殊不知基于对方的条件而言，这样的选择可能恰恰是最适合自己的选择。一切顺乎自然即可，实无对错之分，因为对和错本身就是一种分别。

所以，一阴一阳之谓道。我们知道，阴与阳是彼此反衬出来的，它们相伴相随而生，有阴就必定有阳，有阳就必定有阴。如果只有阴或阳，那这个有形的世界就不复存在了。来到现实环境，既然我们生活在这样一个由阴阳共同构成的世界，我们碰到不顺心的事情、不如意的人其实皆正常，因为世间本是如此，这些事和人只是阴阳的一面而已，我们无法改变，也不必为此烦扰。我们能做的就是以"圆融"的态度包容接纳它们，存在即合理，一切皆是自然而然，无须有主观情绪。这样一种圆融接纳的、超越二元偏执的、抱一的视角或者思维就是"中道"。"中"字在我们民族的历史、文化、思想中影响非常大，我们是"中华民族"，我们的国家叫作"中国"，"四书五经"里有《中庸》，《道德经》中讲"多言数穷，不如守中"。我们可以从这些"中"字里仔细体会古圣先贤的智慧，领悟"中"字蕴含的奥妙玄机。

既然理解了"中"字的含义，那么我们在生活中应该用怎样的思维行事呢？最重要也是最简单的，放下阴阳的“分别”，贯彻中道，遇事尽量不作“主观”判断，坦然认可、理解和接受遇到的所有场景和现象。因为一旦有了自己的立场和站位，我们就会被“阴阳”所惑。有句古话讲，当局者迷，旁观者清。这句话用在这里虽然并不准确，但是它形象地告诉了我们，跳出“圈子”来看待万事万物的重要性。

这其实也是我们修身养性的一种方法。我们可以通过这种“中道”的练习，尽量将“抱一”融入自己的思维体系，时常反思自己的思绪是否落入二元偏执中。久而久之，我们会发现，自己的心态平和了，不再容易被外在的环境所影响，时常处在宁静祥和的状态中，言行举止也更加智慧了。我们不会再按世俗或者他人的价值观和形象来要求自己，也不会把自己的立场观点强加于人。我们一直坦然面对，道法自然。我们的内心仿佛一面镜子，物来则映，物去则无，毫无波澜，如此就可以回归道家所讲的最本初的“一”，回归“大道”，回归“无极”了。

【概念三　阴阳之易】

第三个重要概念是“阴阳之易”。这个概念是“易”与“阴阳”两个概念的结合。世间对立的现象数不胜数，为什么先贤会以“阴”“阳”作为代称呢？《六艺纲目》中说“日月为易”，意思是“易”字蕴藏着日与月的变化。我们再结合“阴”与“阳”两个字观察，“阴”中有“月”，“阳”中有“日”，“阝”多与地形有关，所以一片大地之上月照之时为阴，日照之时为阳，日月的易即阴阳的变化。由此，我们就可以理解古人用“阴阳”来描述“易”背后真正的含义了。因为这种“易”并非毫无规律、随机变化，而是阴与阳的交替，但是这种变化是简单的重复吗？也不是。日与月虽然每天都在交替，但是每天的日与月又各不相同。这是不变与变的结合，因为变与不变亦是一对阴阳，它们也在交替。

很多朋友容易将“阴阳”理解为“辩证地用正反的视角看待问题”。这其实有些简单和片面。实际上，阴阳之易贯穿了动态与静态、空间与时间、物质与精神、生存与死亡，我们无法用言语穷尽其到底包含多少个维度，所有事物和现象无一不遵循阴阳的变化法则。

那么，阴阳的变化具体表现出哪些特性呢？我们以太极图为例，太极图中有两种颜色，黑色与白色。我们用黑色部分代表阴，用白色部分代表阳。首先，我们会发现阴与阳是并存共生的。这就是我们上一章所讲的阳中有阴、阴中有阳。其次，阴与阳又是动态的，是不断变化的，是相互制衡的，是循环往复的。阳盛而阴衰，阴盛而阳衰，阳极而生阴，阴极而生阳，无往不复。

此处，我们可以参考《黄帝四经》中“如燔如卒，事之反也；如繇如骄，生之反也。凡万物群财（材），絩长非恒者，其死必应之”“是［故］赢阴布德，［重阳长，昼气开］民功者，所以食之也；宿阳修刑，童（重）阴长，夜气闭地绳（孕）者，［所］以继之也。不靡不黑，而正之以刑与德。春夏为德，秋冬为刑。先德后刑以养生”辅助理解。这段话的意思是说，事物如果发展到了极盛就会开始走向衰落；人生一旦越过了顶峰，就会开始走向衰老。世间万事万物皆是如此，没有什么东西是恒常不变的。天地在阴气盈满之时就会开始施行德惠，此时阳气开始生长，白昼到来，人们劳作得以谋生；而天地在阳气积累至满盛之时就会开始施行刑罚，阴气逐渐生长，黑夜来临，人们卧榻得以休息。春夏是对万物的德惠，秋冬是对万物的刑罚，先德后刑，万物方得以养护。《黄帝四经》所描述的这些现象无不隐含着阴阳变化的法则，而这些法则也恰好是老子所言——“反者，道之动”的原理。

如今很多年轻人梦想要一夜暴富、一夜成名。但是他们不晓得，当一夜成名走上人生巅峰的时候，其实就是下坡路的起始了。要知道，人在年纪轻轻时突然爆红和发达并不一定是件好事。因为没有经历过挫折的磨炼，没有阅历的积累，无法体会“道德”的原理，大部分人是驾驭不了名利的，很快就会衰落下去，并且名利来得快去得也快，起初爬得有多高，未来跌得就可能有多惨。这也是阴阳之易的表现。

大家都希望获取财富，追求更加美好的生活，那什么是真正的财富之道呢？如果万物都遵循“阴阳之易”的法则，那财富之道也应该如此啊。如果把财富比作“阴”，那么“阴”从何而来？“阴”从“阳”中来，阳极而阴生。我们想要从他人手中赚取财富，那么首先我们要从给予他人入手，先为他人付出才会有回报，先舍才能有得。假如我们是打工者，我们要先为工作单位创造和贡献价值，而后才能获得薪资报酬；假如我们是创业者，我们要先在一切未知的情况下，敢于投入资本、精力、体力，开发出满足甚至超出客户预期的产品和服务，而后才能获得利润。我们为他人创造的价值越多，我们自己获取的财富就越多，我们解决了越多人的问题，就能从越多人那里获得回报。奈何大多数人只想着如何将他人的钱财快速转移到自己的口袋，只想索取而不愿意付出，这就本末倒置了。即便以这样的方式得到了财富，终究还是会“还”回去的。

如今大学生就业困难，大家都在琢磨如何找到一份好工作。但同时市场上也有很多单位苦于高薪都招不到理想的人才。为什么会有这样的现象存在呢？恰恰说明刚毕业的学生无法满足企业的需求，无法为企业创造足够的价值。其实我们不妨转换一下思维角度，从被动等待他人招聘转变为主动寻求和探查，发现市场中存在哪些迫切需要解决的问题和亟待满足的需求，然后设法解决和满足就可以了。比如“大学生渴望就业”这本身不就是一项非常旺盛的需求吗？

此处，我们再列举一个案例辅助理解“阴阳之易”的应用。假如我们的职业是教师，我们希望班里的学生都能够乖巧听话、努力学习。这其实是我们站在教师立场上对教学的单边认知。我们要如何做呢？首先，我们应舍弃让学生乖巧听话且好好学习的观点，跳出对立的立场。同时尝试把“如何将学生培养成优秀的人才”作为目标，因为“优秀的人才”是师生双方共同认可的愿景。在行动上，我们依据阴阳之易的法则，站在学生的立场去践行教学目标。我们了解学生的需求和兴趣，喜欢玩什么、看什么，与他们站在一起，以他们的视角看待问题，以学生们感兴趣的方式教授知识，真诚地为学生着想、服务和解决问题，逐步引导他们走向成才之路。如此，我们会发现学生反而会自觉主动地学习。这就是“反者，道之动”达到的效果。

但是这里我们还需要注意一点，那就是阴阳的统一平衡。凡事过犹不及，如果我们的立场过分倾向于学生，甚至宠溺纵容学生，这就失去了培养学生成才的中道立场。如同家长溺爱孩子，以致孩子后来完全失去了管教，最终反而害了孩子一样，如此就会走向另一个极端，阳极而生阴了。这虽然是一个小小的例子，但是人生的自我修养、子女教育、家庭关系、事业拼搏乃至社会和国家的治理莫不如此，万物皆在阴阳变化中。

接下来，我们继续对“阴阳之易”展开推导。既然阴与阳会向其对立面转化，那么每一次阴阳转化都会构成一个周期。正如我们的念想有起有灭，花有花开花落，四季有寒来暑往，人有生老病死，王朝有兴盛和衰落，文明有诞生和毁灭。当然，周期的变化并非简单地重复。就如马克·吐温所说，历史不会重演，但总会押着相同的韵脚。他所描述的现象也是周期的现象。花朵有绽放和凋零，但是每次的绽放和凋零也是不同的。这种周期其实蕴含了变与不变的统一性。

现在我们知道，阴阳的变化会形成周期，我们的世界又是由阴阳构成，所以世间的万事万物亦都有自己的周期。既然阴阳是多维度的，那么周期自然亦是多维度的。很多人容易将周期理解为单一的线性时间概念，这是不妥当的。各个事物和现象的周期不尽相同，乃至同一事物的各个周期亦各不相同，有的周期很短，有的周期极长。这就好比一个人，他有自己人生的小周期；但同时他也是家庭、单位、社会、国家、世界的一员，这些单元也有各自的周期。大周期左右着小周期，小周期影响着大周期。这些周期维度不一，彼此交织，层层嵌套，相互影响。它们彼此就这样循环往复，周而复始。

为什么要了解“周期”的概念呢？道家思想告诉我们，了解“周期”是为了顺应周期，能够把握时机。

《素书》说：“贤人君子，明于盛衰之道，通乎成败之数，审乎治乱之势，达乎去就之理，故潜居抱道，以待其时。若时至而行，则能极人臣之位；得机而动，则能成绝代之功。如其不遇，没身而已。是以其道足高，而名重于后代。”贤人君子能够领悟“阴阳之易”的法则，通达兴盛与衰亡的规律，掌握成功的方法，顺应天下治乱的大势，并且依此决定自己的行为。如若时机来临，则躬身入局，成就功业；如若时机未至，则潜居抱道，没身而已。

《黄帝四经》说：“[天天则得其神。重地] 则得其根。顺四 [时之度] 而民不 [有] 疾。[处] 外 [内之位，应动静之化，则事] 得于内而举得于外。八正不失，则与天地总矣。”顺应天时则可以独立守神，顺应地利则可以稳固根基，顺应四季变化则可以丰衣足食。如此顺于大道之势，和于阴阳动静变化，那么无论做任何事情都能事半功倍。

《素书》也好，《黄帝四经》也罢，这些经典其实都是古圣先贤对宇宙这个大周期的思考和认知，他们希望世人可以改变对周期的固化概念，洞彻万事万物的本质，因势利导，顺势而为。由于本节内容只是基础性的概念铺垫，至于如何把握时机、顺势而为，我们不在此展开讨论，一并在后文主体内容中进行详细阐述。

【概念四　道】

第四个重要概念是“道”。在前面的概念中，我们简单介绍了“易”“阴阳”“阴阳之易”“周期”。由此得知，世间的万事万物都是“阴阳对立”的集合体，都处于变化之中，并且这种变化是“阴”与“阳”之间的相互转化。本章我们将围绕这些结论展开进一步探讨。

首先，我们尝试提出一个问题：既然万事万物皆处于“变化”之中，皆有“阴阳对立”，那么“变化”本身是否也存在阴阳对立呢？既然万事万物无时无刻不在“变化”，那么它们是否同时也处在“不变”之中呢？换句话说，那“变化”本身是不是也在“变化”呢？那是否就是“不变”呢？有没有什么东西是不变的呢？答案是有的，那个“不变”的就是产生所有“变化”的本体，就是道家思想所说的“道”。

此处，我们以图例解释。观察下图中的线条，它时而向上时而向下，我们将对立的下和上两种状态命名为“阴”和“阳”，虽然“阴”“阳”状态不断转换，但是“阴”“阳”并非真实的本体，真实的本体其实是线条，“阴”“阳”只是线条呈现出来的状态。我们看到的“阴阳之易”是状态的变化，但是作为本体的线条，它的性质未曾有过丝毫变化。

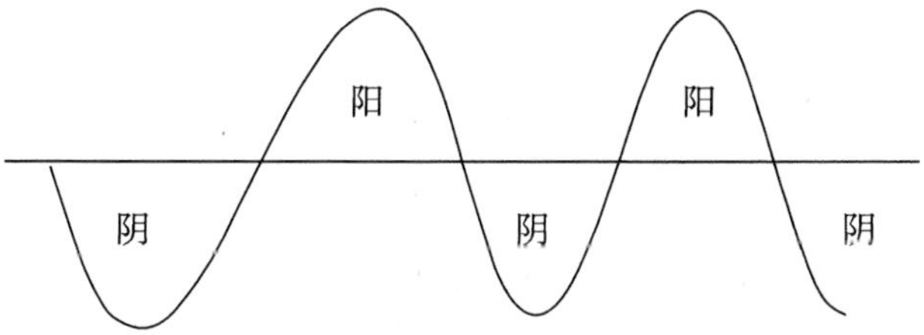

阴与阳无时无刻不在变化，但是那个“道”是自始至终不曾变过的，如同概念二中我们举例的那块蛋糕，蛋糕可以有无数种切法，但是无论我们如何切分，蛋糕的本质还是蛋糕，它的本性从未发生改变。亦如能量守恒定律，能量可以从一种形式转化为另一种形式，或者从一个物体转移到其他物体，但是能量的总量和本质从未发生改变。它既不会凭空产生，也不会凭空消失。世间万物可以有无限种表现形式，但是其本性不变，那个“本性”就是“道”。

那么万物究竟是如何从“不变”的“道”中“变化”出来的呢？前文我们讲两仪、四象、八卦、六十四卦乃至世间万事万物其实都是“分别”出来的。既然万事万物是被“分别”出来的，是被“命名”出来的，是“有形”“有相”“概念化”的。我们可以通过感官、思维辨识它们，而它们自身也存在“阴阳对立”，那么它们是否也具有“无形”“无相”“无概念”的属性呢？答案是肯定的，那个“无形”“无相”“无概念”的属性就是一切“有形”“有相”“概念化”的本体，也是道家思想所说的“道”。

《黄帝四经》说：“恒无之初，迵同大（太）虚。虚同为一，恒一而止。湿湿梦梦，未有明晦，神微周盈，精静不配（熙）。古（故）未有以，万物莫以。古（故）无有刑（形），大迵无名……人皆以之，莫知其名，人皆用之，莫见其刑（形）。”这段话的含义是，万事万物的本然状态是虚的、空的、无相的。一切“有形”“有相”“概念化”的事物都源于“无形”“无相”“无概念”的本体。寰宇的状态是浑然一体，这个浑然一体就是“道”。因为浑然一体，没有任何“分别”存在，所以万物没有名号，人们把这种一体的状态称为“混沌”。大道玄妙精微，遍布寰宇，无相，无形，无名。人人都在“道”中，却不能为它命名；人人皆在“道”中，却不能见其形。

由此可知，道生一，一生二，二生三，三生万物。万物的本体——“道”是不变的，是本自清净、不生不灭、无始无终、不增不减的。但是这个“道”又可以发挥“变化”的功能，可以造化出世间万象。大道无分别地包含了“不变”与“变”的共同属性，包含了阴阳合一的属性。“道”即万物，万物即“道”。

因而《列子·天瑞》说：“有生不生，有化不化。不生者能生生，不化者能化化。生者不能不生，化者不能不化，故常生常化。常生常化者，无时不生，无时不化。”列子说，我们肉眼看到的万物是有形有相的，是“生化”出来的；但实际上所有的“生化”都源于一个“不生不化”的存在。正是这个“不生不化”的存在“生化”了万物，“生化”出的万物在本性上是“不生不化”的。

大道至简，复杂的“道”其实很简单——一个“一”，一个“道”，一张太极图，却包含了宇宙间的万法万象。回看我们所讲的第一个概念是

“易”，讲的是“分别”和“变化”。现在我们又讲“无分别”，讲“不变”，“变”的本体是“不变”，“不变”的本体又可以发挥“变”的作用。这种感觉就好像一个圆圈，一切又回到了原点。所以老子说，大道玄之又玄，是众妙之门。这些内容看起来有些“玄”，却是解开所有奥秘的法门。接下来，我们借用《道德经》来进一步阐释道家思想。

道之体篇

【第一章】

> 道可道，非常道；名可名，非常名。
>
> 无，名天地之始；有，名万物之母。
>
> 故常无，欲以观其妙；常有，欲以观其徼。
>
> 此两者，同出而异名，同谓之玄。玄之又玄，众妙之门。

《道德经》共八十一章，《道经》三十七章讲“体”，《德经》四十四章讲“用”。第一章是《道经》之首，也是整部《道德经》中最精华、最核心的内容。老子在这一章中把宇宙间所有的秘密都公开了，他说“道”玄之又玄，是众妙之门，是打开一切奥妙法门的钥匙。这一章虽然简短，但是讲述的道理深远广大，寓意无穷。

想必大家对“道可道，非常道”这一句非常熟悉，我们时常在各类媒体中见到或听到。但是我们能够理解其表达的真实含义吗？恐怕每个人对此都有不同的认识，甚至同一个人在不同的时间和地点对这句话也有不同的理解。

那么我们应该如何理解“道”呢？或者说采用什么样的方式去领悟“道”呢？前文我们提到，我们应该站在《道德经》的“神”的角度进行理解，应该“重其神而轻其形”。那么《道德经》的“神”又是什么呢？这个

“神”就是清净湛然的中道，无分别亦无偏执。放下个人见解，以“不去理解”的角度来理解，仿佛没有“道”这个概念一般，一切皆是自然，这就是理解“道”的最佳方式。有的朋友会说，这相当于什么都没说啊！是的，道就是无说之说，需要我们用清静自然的心去体会。道体本自无分别，无概念，无界限，无形象，其本性为“无”，为“空”。所以采用“空无”的方式去理解，就是对“道”最好的理解。

当然，很多朋友会认为这种方式过于抽象，我们无从着手，很难接受以“无”说“无”的学习方式。于是我们只能采用第二种方式，就是借“有”说“无”，借助“有形”的现象来解释“空无”的“道”。在前文的概念四中，我们简单铺垫过“道”的概念，知晓万事万物皆有阴阳，皆无时无刻不在变化。但是在这背后其实有一个从未发生过变化的东西，那就是万事万物的本源，即“道”。那么“道”究竟是什么呢？具有哪些特征，又具备怎样的功能、属性呢？《道德经》第一句话中就有三个“道”字，它们各是什么意思呢？其实这三个“道”都是指那个不变的本源——“道”。这句话的意思是说，“道”如果可以被称为“道”，如果世界上有个“道”的概念存在，那这个被“概念化”的“道”已经不是永恒、清静的“道”了。

前文有讲，当伏羲画“一”开天之时，就已然有个“非　”产生了，这个画出来的“一”已经不是初始本源的“一”，而是“二”了。所以老子说，我没有办法阐明“道”是什么，如果能给“道”下一个定义，那这个被定义出来的“道”早已不是浑然一体的“道”了。所以，“道”就是“道”，不可“道”，可“道”即“非常道”了。

这里我们可以参考《太上老君说常清静经》（后文简称《常清静经》）里老子对“道”的表述：“大道无形，生育天地；大道无情，运行日月；大道无名，长养万物。吾不知其名，强名曰道。”老子说有这样一个“东西”，它生育了宇宙天地，运行了日月，世间一切事物运行的规律和法则也由它决定，万物的生老病死、各种场景和现象的变换转化也由它掌控，它仿佛“万能”一般，是玄之又玄的存在。老子说：我不知道如何来定义和命名它，因为一旦定义并命名了它，它就不是真正的它了。但总得起个名字吧？于是，老子取“首”字与“走”字之形，借万物运行之首的含义，强行命名它为“道”。其实在本质上叫它什么都可以，“道”只不过是个代号罢了。

“名可名，非常名”，再看“名”，“名”一般是“命名，下定义”的意思。世间的一切概念其实都是人类自己命名的“代号”。在这个茫茫宇宙中，原本没有文字、没有定义。诸如时间、空间、方向、家人、财富、爱恨等种种现象和事物的概念都是人类自己根据“分别”而定义和命名的。孩子一出生，我们就告诉他这是爸爸，那是妈妈；这是爷爷，那是奶奶；这是花，那是草……就如同我们今天发现了一颗小行星并给它命名一样。如果我们最初将“手机”命名为“手套”，那么我们现在就在用“手套”彼此联络了。所以我们一旦给某个东西下了定义，命名了它，那就表明它已经被“分别”了，不是本初的状态了，不是“道”之本体“清静空无”的状态了，所以老子说“名可名，非常名”。

老子讲这句话，其实是想告诉世人，“名”只是一个代号，其本质是“分别”，我们不可以执着于这个“名”，哪怕对这个永恒清静的“道名”也是一样，都不可执着。因为当某个概念被“命名”后，我们会自行赋予其意义并且在自我意识中加以固化，随后我们的认知和行为就会被这个自行赋予的意义所禁锢和左右，渐渐脱离一元本体，陷入二元偏执，从而忘记了万物的本初状态和本义。

我们以“金钱”为例，金钱只是交易的媒介而已。如果将时间设定在新中国成立初期，如果我们提出追求金钱，大家会联想到投机倒把和资本家；但是如果将时间设定到如今，金钱已成为大多数人一生追求的目标，人们会将其视为生活优越的标志，甘愿为其终日奔波劳碌。同样是金钱，它的本质并没有发生改变，依然是交易的媒介，但是为什么时期不同，人们对其态度截然不同呢？这其实是我们在不同的时间阶段自行赋予了金钱不同的含义，进而被这些不同的概念所禁锢，从而形成了截然相反的观点。因此，所有的定义都是有边界的，都是有阴阳的，我们一旦承认了它，就会被其具象化地禁锢。而这些现象的本质就是心的分别作用。

既然如此，老子为什么还要提出“道”的概念呢？他是为了方便世人知晓世间万物的本源奥秘，甚至可以说是“基于无奈”才将这个生育天地、运行日月、长养万物的“东西”命名为“道”的。虽然取了一个名字叫作“道”，但它也只是一个代号，我们不可以执着于真正有个“道”存在，因为只要有个“道”的概念在，就会产生“分别”，就容易落入二元偏执，从而无法真正领悟玄妙的“空无”的“道”了。

“无，名天地之始；有，名万物之母”。这个有形的宇宙世间是如何产生的呢？老子把天地之始的那个状态，命名为“无”。大家注意，这里是“无‘名’天地之始”，而非“无‘是’天地之始”，如果大家将这里的“无”理解为“什么都没有”，恐怕就误解老子的本意了。大家也会质问，既然什么都没有，如何能够无中生有呢？逻辑上说不通，思想上也无法接受。

其实这里的“无”本质上也是一种“代号”。前文我们提到过道的“空无”，很多朋友容易将“空无”理解成什么都没有。实际上这种“无”是“相”上的无，看不见、听不到、摸不着，没有任何有形的形态、概念和意义，是一种空、无、常、寂的状态，也是“道”的初始形态。大道的本体实相是“空无”的，但是这个“空无”的大道可以发挥“有”的功能，可以产生“实有”的物质形态，具有孕化万物的作用，能够真正“创造”出具备有形状态的万事万物。这个世间的本质是清静空无的“道”，这个“道”又可以产生出万物、万相、万法。

“故常无，欲以观其妙；常有，欲以观其徼”。老子说，虽然“道”被强名曰“道”，“名”也是“非常名”，但我们可以从这个永恒、空无的状态中领悟“道”的真正奥秘，从它所孕育的世间万物中体验“道”的运行法则和规律，从而发现“道”之无极的真实意义。我们要知道，这里“有”

的概念也好，“无”的概念也罢，都是我们自己“分别”和“命名”出来的，二者虽然“名字”不同，但其本体都是“道”，都源于“道”的功能和属性。若我们放下“分别”，就可以从“有形”的万法万相之中体会出“无形”大道太极的真如妙理了。这是打开一切究竟奥义的法门，实在是玄妙至极啊！

【第二章】

> 天下皆知美之为美，斯恶已；皆知善之为善，斯不善已。
>
> 有无相生，难易相成，长短相形，高下相倾，音声相和，前后相随，恒也。
>
> 是以圣人处无为之事，行不言之教；万物作而弗始，生而弗有，为而弗恃，功成而弗居。夫唯弗居，是以不去。

“天下皆知美之为美，斯恶已”，老子说，当天下人都知道什么是“美”的时候，其实“不美”的概念自然而然就被划定了。此句中的“恶”并非“邪恶”的意思，而是指“丑陋”和“粗劣”。当天下人皆知道“善”是什么的时候，其实“不善”的概念也随之形成了。此处，老子通过“美与恶”“善与不善”两个例子，告诉我们“分别”产生“阴阳”的道理。当一个概念被人们命名或者提出时，这种行为本身就是一种“分别”，“分别”即产生阴阳，将原有的一体分为阴阳对立的两部分，阴阳的生克转化立刻就会发挥作用。

比如我们以“专家”这个概念为例。“专家”是指在某一领域中有特殊建树和影响力且值得信任的人。起初并没有“专家”的概念，为了让大家能够信任某一理论或结论的可靠性，我们给出了“专家”的概念。人们信任“专家”，对所谓“专家”言听计从。然而，当“专家”的概念被定义时，自然形成了“非专家”的群体。由于“专家”可以被信赖，那些“非专家”为了获取大众的“信任”，也会努力把自己包装成为“专家”，名誉越来越大，头衔越来越多。“专家”这个名词被广泛应用于各类场景，结果塑造出了各种“砖家”。再到后来，“人人皆是专家”，大众无从分辨真与假，又开始对所有“专家”持怀疑态度，不再信任“专家”，使得“专家”一词的情感色彩走向了相反的方向。

这一章老子告诉我们，当提出一个概念的时候，自然也创造出了它的对立面，并且会推动事情的结果向其对立面转化，这就是阴阳产生与转化的过程。当然这种转化不是立刻发生的，而是存在一个周期，这就是后面老子要讲的内容——“有无相生，难易相成，长短相形，高下相倾，音声相和，前后相随”。老子在此列举了一系列现象来阐述阴阳的生克转化，有和无、难和易、长和短、高和下、音和声、前和后。老子说，阴阳是相生的，不存在独阴或独阳，有阴必有阳，有阳必有阴；阴与阳是相成的，他们相互依存，阳中有阴，阴中有阳；阴与阳又是相互对立的，阴盛阳衰，阳盛阴衰；阴与阳到了一定阶段又会相互转化，阴极阳生，阳极阴生。但实际上，阴与阳又是相和的，它们密不可分，本是一体，本无分别，本自平等。

此处我们以大家都熟悉的绩效考核举例。机构最开始设立关键绩效指标KPI是出于好意，因为KPI为大家设立了一个目标，有助于大家朝着目标前进。如此，管理者督导有抓手，团队成员努力有方向，达成目标后，机构业绩增长，团队有绩效奖励，皆大欢喜。但是，当我们制定出KPI的时候，它的反面作用也同时开始显现了。大家的注意力开始聚焦于KPI，开始为了“完成指标”而完成指标，逐渐忽视了机构设立KPI机制的初心。管理者开始依靠KPI做出诊断决策，逐渐脱离基层且无法掌握一线的状况。管理者的管理手段开始变得单一，对于完不成考核的员工施以处罚。这种情况下，机构中真实存在的问题无法得到解决，团队成员被搞得疲惫不堪进而产生逆反心理。机构的内部矛盾开始逐渐增加，部分员工可能为了追求短期利益杀鸡取卵，做出损害客户利益的事情，继而失去客户的长期信任。这就是阴阳生克转化的现实案例。古代圣贤把自己的宝贵经验留传给我们，我们着实应该懂得珍惜。

讲到这里，有的朋友自然会问，那我们应该怎么办？老子讲这一套就是告诉我们什么都不做吗？我们来看下文，老子说“是以圣人处无为之事，行不言之教；万物作而弗始”。这一句是《道德经》在方法论上的核心观念，即“无为”。很多朋友对“无为”的理解有偏差，认为“无为”就是什么都不做，这是对“不为”的理解，而不是“无为”。大家仔细看后面老子的话，他说“行”是“不言之教”，这里明确表达了“无为”是要“行”的，是要“作”的，要“为”的。但是这种“行”“作”“为”是基于大道的“清静空无”立场的，是没有分别心的，是中道，是不为二元偏执所惑，是不基于人为而刻意为之。内心上清静无染无着，行为上顺应阴阳变化，道法自然，基于自动自发的立场而不辞辛劳地“为”。

老子继续说，“生而弗有，为而弗恃，功成而弗居。夫唯弗居，是以不去”。“无为”就如同大道生育了天地，运行着日月，长养了万物。但是大道并不认为万物都为自己所有，也不认为有什么值得骄傲，更不认为自身有任何功劳，一切的行为都是自然发生的，都是理所应当的。大道对待一切事物都不持“拥有”的态度，物来顺应，未来不迎，一切不值得欢喜，也不值得沮丧，这就是清静无为。

所以，最好的管理其实是不需要KPI的，机构上下全心全力，自动自发地做好分内的事情即可。不论是管理者还是基层员工，大家都没有分别性的私欲和私为的动机，没有人是为了利益而工作，大家不认为自己比他人更能够创造卓越的业绩，也不认为自己的功劳大于他人，更不会为了证明自己的才智和功绩而刻意做出一些冗余的事情。一切出发点都是为了让机构更好、让客户更好，一切行为仿佛自然而然发生。这样的机构是真正“无为”的机构，这样的机构才是“无所不为”的机构。

说到这里，很多朋友可能还会觉得这种“无为”的说法过于抽象，也会有朋友质疑，那岂不是说我们无须发挥自己的主观能动性？确实，因为我们本来就生存在这个阴阳构成的世界中，身体和意识无不在阴阳之中，想要放下“有所作为”而接受这种“无为”是异常困难的。然而，一旦一个人能够真正放下万缘，摒弃阴阳的分别，真能达到“清静”的状态，他就能同大道一般“无所不为”了。

比如，很多朋友有失眠的经历。有时，我们甚至在睡前就开始担心自己今晚又要失眠。于是，我们躺在床上采用各种方法强迫自己入睡。这时我们会发现，越是强迫自己反而越无法入睡。这是因为我们的脑海中已经有了“必须入睡”的概念，时刻强调这个概念反而导致我们精神紧绷而无法入睡。这就是阴阳“反者，道之动”的原理。此时最好的方法是我们从“必须入睡”这个概念之中跳出来，放下执着，意识中没有要睡觉的想法也没有不睡觉的想法，尽量保持内心清静自然的状态，宁静而安详，此时，我们的身体反而会自然地进入睡眠的状态。

当然，这种清静自然的状态需要练习才能达到。如果达不到这种状态怎么办？这时我们也可以尝试从反面入手。首先，我们要承认无法入睡的事实，告诉自己，人有睡着的时候，就有睡不着的时候，很多人都失眠，这没什么大不了的。尽量放空自己的思绪，放下想要睡觉的分别和执念，不去想睡觉的事情，告诉自己今天就不睡觉了，听听舒缓的音乐或者看看书吧，当我们把注意力转移到其他的能让我们宁静安详的事情上时，我们可能已在不知不觉中自然入睡。

再如，如今很多家长担忧孩子不结婚，结婚了又不生育，甚至自己比孩子还焦虑。这种情况也是落入二元偏执所致。在我们的认知里，年轻人就该结婚，结婚就该生育，不结婚不生育老年生活将无人照顾。当然，这种想法确实有道理，但是焦虑和唠叨是无法解决问题的，反而会引起子女的逆反心理，得到适得其反的结果，造成难以调和的家庭冲突。此时，家长可以尝试从这一立场中跳出来，承认社会上年轻人不结婚不生孩子的现象很多，这种情况出现在自己家再正常不过。家长可以反思，是否只看到了结婚生子有利的一面，没有看到其不利的一面。子女不愿意结婚生育的因素很多，家长可能无法了解孩子的苦衷。既然这并非家长所能控制，就顺其自然吧。

随后家长可以试着和孩子沟通，表示自己原本希望孩子能够结婚生子，但是孩子不这么做一定是有原因的——生活压力大、结婚生子成本高、怕老人带孩子辛苦、还想再过一过二人世界等。作为家长可以表示完全理解、支持孩子的想法，如果孩子有什么需要支持的地方可以提出来，家长愿意全力配合。这种沟通方式既调整了家长的焦虑心态，也减少了孩子被“催婚催生”的烦恼。当家长表示理解时，孩子自然也会理解家长，家庭氛围就会走向和谐，毕竟和谐健康的家庭关系才是家庭经营的“神”。至于结果如何，坦然接受、顺其自然即可。或许在这样的过程中，无心插柳柳成荫，子女自然而然地就结婚生子了。这就是“无为”道理的应用。

【第三章】

> 不尚贤，使民不争；不贵难得之货，使民不为盗；不见可欲，使民心不乱。
>
> 是以圣人之治，虚其心，实其腹，弱其志，强其骨。常使民无知无欲，使夫智者不敢为也。为无为，则无不治。

上一章中，老子阐述了“圣人处无为之事，行不言之教”的观点。在《道德经》的第三章，老子继续阐释这一观点在政务治理上的应用，即不要刻意去塑造分别性的概念和作为，用“无为”的方式来治理国家。“不尚贤，使民不争”，老子说，不要刻意去树立贤能之才的标杆，这样就不会激起竞争的观念，百姓就不会争名夺利。

举一则例子，公司的老板将张三树立为业务标杆，表扬张三是模范员工，号召所有员工向张三学习。老板的初心是好的，他希望大家都能向模范学习从而提升自己，引导大家共同进步，为公司发展做出更大的贡献。但是当一个概念被塑造出来时，阴阳的生克转化随即相伴而生。当张三被树立为“模范员工”的典型的那一刻，公司的其他员工就在无形中被划定为“非模范员工”了。这往往会激发出其他员工的羡慕、嫉妒甚至诋毁。这时有些人也希望能成为“模范”，而有些人则希望把张三从“模范”的位置上拉下来，甚至会营造出“办公室政治”的氛围，张三未来的工作也可能面临诸多掣肘。老板的初心是好的，但结果反而强化了离心力。家长对子女的教育也是同样的道理，很多家长喜欢树立“别人家孩子”的典范，本想让自家孩子虚心学习，但实际上这种做法真正换来的只是自家孩子的抵触、逆反和厌恶。

“不贵难得之货，使民不为盗；不见可欲，使民心不乱”。老子说，不故意去宣扬珍贵稀有的宝物，这样就不会激发民众的贪欲之心和偷盗之心。如果一个人四处炫耀自己获得了稀世珍宝，那么这件宝贝从此就不再安全了，这个人需要时刻防备宝贝被抢劫和偷盗。如果一个国家鼓励和引导百姓去追求和满足自己的私欲，百姓就会变得自私自利，行为处事皆以利己为标准，人人中饱私囊而不再考虑全局利益，这个国家从此将祸乱连连，面临亡国的风险。

“是以圣人之治，虚其心，实其腹，弱其志，强其骨。常使民无知无欲，使夫智者不敢为也。为无为，则无不治。”那么圣人应该如何来治理国家呢？圣人治理的国家又是什么样子呢？老子说，如果圣人治理国家，百姓心中淳朴自然，保持清静安宁的心态，没有丝毫竞争攀比的观念，大家齐心协力，自发地承担各自的责任，履行各自的义务。大家没有过大的贫富差距，人人都能过上幸福的生活，不羡慕他人，也不被他人羡慕，大家都非常珍惜当下悠然自得的时光。圣人治理国家，人人遵行大道，百姓淳朴善良，没有钩心斗角、尔虞我诈，内心宁静而安详，没有任何烦恼忧愁。圣人治理国家，百姓物质上富足，生活所需都能得到满足，大家没有过多的欲望，身体康健，生活怡然自得。在那样的状态下，百姓不需要再向外求什么。即使再聪明再有智慧的人也觉得没有必要去做任何额外的事情来打破这份宁静与和谐。老子说，如此奉行无为之道，才能建立起来真正的和谐社会，这样的国家将会永久昌盛下去。

《列子·黄帝》中有一段关于华胥国的描述："其国无师长，自然而已。其民无嗜欲，自然而已。不知乐生，不知恶死，故无夭殇；不知亲己，不知疏物，故无爱憎；不知背逆，不知向顺，故无利害：都无所爱惜，都无所畏忌。"华胥国这个国家一切都是自然而然的，没有权位的分别，所以民主；没有欲望的分别，因而富足；没有生死的分别，故而长寿；没有亲疏的分别，所以没有爱憎；没有顺逆的分别，所以没有矛盾。因为没有分别，所以没有二元偏执，自然也就没有烦恼。国家的治国政策是无为而治。这种境界应该只存在于净土或天堂吧？传说上古时期的人们就过着这样的生活。

《道德经》流传下来，希望大家能够学习和应用，不要走上私欲有为的穷途末路。很多朋友读到这一章会认为老子是在玩政治手段，主张"愚民政策"。如果真这样认为，就曲解了老子的本意，甚至与老子的本意截然相反了。这一章，老子依然是讲"清静"和"无为"，告诉我们在政务治理上也不要有分别之心。大道本自"清静"，我们应该遵道而行，不要企图通过"自身"的"有为"创造出良好的结果。我们要知道刻意为之的"有形之物"皆有阴阳，皆有生有灭，都会向相反的方向转化，凡事只需坚持中道，发挥大道的自然属性，顺其自然就好。

【第四章】

> 道冲，而用之或不盈。渊兮，似万物之宗。（挫其锐，解其纷，和其光，同其尘。）湛兮，似或存。
>
> 吾不知谁之子，象帝之先。

我们学习《道德经》，首先要了解这部经典的定位，有的朋友认为《道德经》属于哲学范畴，有的朋友认为其属于宗教范畴，有的朋友认为其属于政治学范畴。要知道，当我们有这些想法的时候，其实已经有了自己的见解和立场，就已然落入了二元偏执，无法用“清静空无”的中道来解读《道德经》了。

回归老子的立场观察《道德经》，他其实是想要告诉世人整个宇宙的真正本源，告知世人这个世界真实的运行法则。这套法则不是某一个学科和分类，而是涵盖了我们周遭的时时刻刻、方方面面，既包括现有人类历史阶段的周期和空间，也包括我们尚未发现与探索的周期和空间。毕竟现代科学还没有发展到极致圆满的程度，仍有太多的秘密等待我们去探索和解开。未来有一天，我们或许会发现科学的真相与老子所说的“大道”是“一”而不是“二”。因为真理必然能够圆融地解释一切现象，如果有丝毫例外就不能称为真理了。

如今的科学技术发展日新月异，很多领域已经与“道”的理念非常接近，但还不能够完全融合。这是为何呢？因为站在“道”的立场上看，我们还没有做到完全“清静空无”。科学家也是人，是人就有二元偏执，就会受常规思维的影响，继而无法站在中道包容的角度上看待全局。比如说量子力学中的实验“薛定谔的猫”，很多人说猫不可能既生又死。但是猫为什么会处于活着与死亡的叠加态呢？站在“道”的立场观察，猫也是“道”，本来就无所生亦无所死，无有生死的分别，无分别就是一体，就是既生又死的状态啊。

这一章铺垫这么多，主要还是希望大家保持一种圆融开放的心态和立场。我们暂且不要用已经形成的思维去判断和裁定事物和现象。因为一旦判断和裁定了，就容易陷入二元偏执。这就好比一个接受西方医学教育的医生无法理解传统中医一样，西医执着于“有”，依靠有形的数据来诊断病情，看不到“无形”的脉络和穴位，因此很多西医认为中医无用。但是我们知道，在现实生活中，中医甚至能够治疗很多西医无法治疗的疑难杂症。

《道德经》第四章，老子向我们描述了“道”究竟是个什么样子。老子说，“道冲，而用之或不盈。渊兮，似万物之宗……吾不知谁之子，象帝之先”。大道是冲虚的，是世间万物产生的根源。何谓“冲虚”？“虚”就是“空无”的含义。“冲”字我们结合第四十五章的“大盈若冲”来看，“冲”有流动变化之意。此处老子说，大道的本体是“空无”的，它无形、无相、无始无终、无实有、无边界，大到无法用时间和空间来计量。同时，道又具有“冲”的属性，它是鲜活的、变化的、无常的，可以衍化和运行万事万物。它具备了“虚”和“冲”的双重属性，是“虚”与“冲”的统一体。老子说，大道是清静的、安详的，在这清静之中，澄澄湛湛，无所谓生亦无所谓灭，仿佛那无止境的深渊里的水一样。但是这深渊里的水又可以生生不息，永无休止地生化和滋养万物。我不知晓“大道”是如何产生的，它一直独立存在，如是地运行，是“大道”孕育和创造了一切世间实有的现象。

既然大道是无形无相的，那我们怎样验证“道”的存在呢？我们从《周易》来看，太极生两仪，两仪生四象，四象生八卦，八卦又衍化出六十四卦。如果我们现在处在六十四个场景之中，从六十四卦倒推回八卦，从八卦倒推至四象，从四象倒推回两仪，最后回归太极。这就是后文所讲的“为道日损”。当我们减少了心灵的欲望、负担和烦恼，澄清了自己的精神，清静了自己的分别心，我们即可以回归大道的本源。所以，《常清静经》说，“内观其心，心无其心；外观其形，形无其形；远观其物，物无其物。三者既悟，惟见于空。观空亦空，空无所空。所空既无，无无亦无。无无既无，湛然常寂”。当我们清静到极点，观心没有心，观形没有形，物质实有和精神意识都不存在了，最后连“道”的概念也空了，“空无”的概念也没有了，只剩下一片湛然清净，那就是无为而无不为的道体了。

因此，老子说，“挫其锐，解其纷，和其光，同其尘”。我们应该磨掉自己身上的锐气。这个锐气从何而来呢？其实锐气来源于自身和他人的比较，来源于我们根深蒂固的分别心。因此，这里的“挫其锐”，不是单指控制自身情绪，情绪只是“锐”外在的“形”，“锐”内在的“神”其实是分别心。没有了分别心，大家同为一体，都是自己人，纷争自然就没有了，烦恼也就没有了，自然而然和光同尘。老子的这句“和其光，同其尘”非常形象，就如同一缕光线回归大光明中，像一粒尘埃回归大地一般，回归后就再也分不清你我，因而无分别地回归大道本源了。

【第五章】

> 天地不仁，以万物为刍狗；圣人不仁，以百姓为刍狗。
>
> 天地之间，其犹橐籥乎？虚而不屈，动而愈出。
>
> 多言数穷，不如守中。

《道德经》第五章，老子将告诉我们应该以怎样的视角看待世间的万物万象。“天地不仁，以万物为刍狗”，这里的“刍狗”是指用草扎成的狗，古代的祭祀活动中会用草扎成的狗作为祭品。“刍狗”在未被摆上祭坛之前，备受众人珍惜和爱护，然而当祭祀结束之后，人们就会把它当作废品而弃之不顾。由于古今言辞上的差异，很多人容易将这一句话理解为：天地是不讲仁爱信义的，操控万物为自己所用；所以人们也要效仿天地，治国理政时也将百姓视为刍狗，任由自己摆布。乍一看，我们将这一句理解为“自私自利”“鱼肉百姓”好像非常贴切，但是在了解《道德经》的宗旨之后，我们应该知道这并不是老子想要表达的意思。

本章的内容我们可以结合第二章辅助理解。《道德经》第二章讲，“生而弗有，为而弗恃，功成而弗居”，大道生育了天地，运行了日月，长养了万物，却不认为万物为“我”所有，也不认为自己有何功劳，更不会为之自傲，因为一切都是自然而然发生的。大道既不有情也不无情，既不自私也不无私，其本质是无分别的“清静空无”，超越了阴阳二元的分别。这一章也是同理同意，大道“空无”，无有分别，它衍化出了万物，万物各有各的阴阳，各有各的周期，日月交替，寒来暑往，生老病死。虽然万物无时无刻不在变化，但是万物的变化只是“形”的变化，其“神”从未改变，因为“道”本身是永恒的。在“道”的眼中，万物的变化都是自然而然且理所当然的，一切的生灭都是阴阳的转化现象，它“理性”地看待万物的生生死死。正是因为道没有分别，无有生死，不增不减，所以体现出了“以万物为刍狗”，当用则用，不当用则舍；当为则为，不当为则弃。

所以老子说，圣人治理国家时，应该效法天地大道，秉持中道包容的立场，无有分别地对待众生百姓，一切顺其自然。当然，这并不是冷酷地置百姓安危于不顾，而是只有站在这样清静的立场上，圣人才能做出最有利于百姓的决策。解释得再切合实际一点，作为一名领导者，要做到“空”和“无”，要既“有情”又“无情”，因为单方面的“有情”和“无情”都有弱点，领导者需要具备极其冷静和理性的思维，不受任何外界因素和自身利益的困扰，要审时度势而不陷入二元偏执的情绪之中，因为一旦陷入其中，必然影响其决策的客观性，从而造成灾难性的后果。

此处，我们补充一点，本章讲的是“道之体”，是形而上的思维、精神和心态的部分，还有治国理政在心态方面要秉持“清静空无”的中道包容。

当我们在采取实际举措的时候，就是“德之用”，“德之用”的内容则全都是善、慈、爱民、利民。我们在后面阐述《德经》时会详细阐述其中的原理。

老子做了一个比喻，“天地之间，其犹橐籥（tuó yuè）乎？虚而不屈，动而愈出”。他说这个“大道”就好像“橐籥”一样，“橐籥”是古代鼓风吹火的器具，类似现代的鼓风机。古时没有电，所以烧火时需要借助风箱来增强火力。老子说这个风箱中间是空的、虚的，却能够鼓出连绵不断的风，这是“空无”与“变化”作用的结合。我们通过观察还会发现，风箱中“空”的部分越大，其鼓出的风力就越强，我们的内心也一样，内心的“空”量越大，“空”的部分越多，包容性就越大，开放性就越高，抗挫折能力也越强，我们的事业之路也就越宽广。

我们都知道“高处不胜寒”这句古话，但凡创造出一番事业的人，其实无不是寂寞和孤独之人，他们往往面对的是各种阿谀奉承、质疑猜忌、设计陷害，很难判断出身边人是真情还是假意，所以更需要恪守“清静”的中道思维，冷静判断，不为情绪所扰动，扛起所有责任继续前进。这也是很多“大咖”喜欢禅修和冥想的原因。他们在遇到挫折和面临困局时，适时地放空自己，在“空”的那一刻，会灵光乍现，冒出许多新的想法。然而，这一切的“灵感”都不是头脑思考出来的，是“空无生妙有”，是自然而然显现出来的。对于这一点，相信很多朋友深有同感。

“多言数穷，不如守中”。老子说，大道的本体是空的虚的，却有能力孕育山河大地，长养万物生灵，这是大道的玄妙之处。无论我们用多么生动形象的语言来表述，也无法表达清楚大道究竟是什么。我们不如遵道而行，恪守“清静空无”的大道。反观世人，很多人不喜欢“空无”而偏爱“实有”，认为“空无”这个词几乎就等同于寂寞、无聊、孤独，他们害怕空无，仿佛必须抓住点什么才能够让自己心有所安。这使得自己的内心时常被各种思绪占据，经常处于“饱满”的状态，哪怕一丝丝小事都可能让他们立刻陷入糟糕的情绪之中。要知道，人在情绪波动状态下做出的决策往往是不理智的。

所以，老子劝诫我们，唯有放下“实有”，才能更好地发挥“实有”；唯有在“空无”的状态下，我们才能做出理性的抉择、采取智慧的行动，这就是中道。

【第六章】

> **谷神不死，是谓“玄牝”。玄牝之门，是谓天地根。绵绵若存，用之不勤。**

《道德经》第六章，“谷神不死，是谓‘玄牝’。玄牝之门，是谓天地根。绵绵若存，用之不勤”。列子说，“谷神不死”这段话源自《黄帝书》，是黄帝讲的。现在学者猜测，有可能是老子在《道德经》中引用了黄帝的话。其实这段话不论是谁讲的，对学习者而言，重要的是理解文字背后所表达的含义。

第一句中的“谷神”代指万物的本体，是老子所说的“道”。“吾不知其名，强名曰‘道’”。万物的本体可以叫作任何名字，可以叫作“道”，也可以叫作“天地”“真理”或者“谷神”，因为这些本身仅仅是一个代号而已。我们学习《道德经》不可以执着，应该重其“神”而非其“形”，应该学会突破一切概念、名称的束缚。本章的这个“谷神”，一则可以理解为“道体”，如山谷之中虚无空明的“空性”；二则可以解释为谷物粮食，是生育和滋养万物的根本。

第六章的文字虽然简短，却完整地阐述了“道”的体性。老子告诉我们：道是无始无终又无生无灭的永恒存在，它的本体“空无”“清静”，渊兮似万物之宗。而这空无的本体却可以孕育显现天地万物，蕴含着最原始、最根本、最深奥的母性。这深奥的母性是世间万物得以生长和运行的根本，它的生命力绵绵不绝，发挥的功能无穷无尽。

很多朋友看到这里会有疑问，我们一直在讲“空无生妙有”，具体如何理解呢？空无中是如何生出妙有的呢？《列子·天瑞》说，“万物皆出于机，皆入于机”。古人把宇宙世间最细微的变化单位称为“机”，万法万象万物的生灭都出于“机”也入于“机”，用现代话理解，所有的物理、化学、生理、心理的变化，都源自“机”，也复归于“机”。

此处，可以尝试借用量子力学中的概念进行理解。我们知道，量子是如今微观世界中物理量不可分割的最小单位。曾经大家认为这类最小的物质单位内部应该是实体。其实不然。物理学家发现量子的内部是一种无形的波，这种波是没有边界的，它像一个“场”，涵盖了整个宇宙空间。物理学家还发现，当这种波在不被测量时，会呈现出统一一体的状态，我们称为“叠加状态”。以电子为例，在叠加状态下，电子自旋既上旋又下旋，是叠加在一起的，仿佛阴阳两种状态合一。而一旦我们去观测波，它就会呈现出“波包”的状态。同时，测量波包的能量越强，粒子就被扰动得越厉害。换句话说，干扰“波”的能量越强，粒子的物质化状态就会越强，所以科学家称量子具有所谓“波粒二象性”。

此外，物理学家还发现，当一个粒子变成了两个粒子时，这两个粒子虽然被分开了，但是它们仍然会保持纠缠状态，这种纠缠状态会超越时间和空间而相互作用。以电子举例，如果此时我们测量出其中一个电子的自旋为上旋（阳），则另一个必然为下旋（阴）。这是量子的纠缠状态。这里，我们将大道的“空无”与无实体的“波”对比，将大道本体蕴含的“阴阳一体”与“叠加状态”“波粒二象性”对比，将“反者，道之动”的阴阳转化与量子纠缠对比，我们是否也可以发现它们存有异曲同工之妙呢？

这里我们还可以提出一系列疑问，难道无形的“波”就是量子力学的最终答案吗？到底何时才能真正揭开宇宙万物的面纱呢？问题的关键在哪里呢？如果按照道德原理，问题根源是否就在于我们自身干扰性的分别心呢？物理学证实了“波粒二象性”的现象，那我们是否可以通过降低对波的测量干扰来减弱它的物质化形态呢？道家打坐静修的目的是清除内心的分别和执着，使身心达到清静的状态，这是否就是降低对波的测量干扰呢？

我不是研究物理学的，对于量子力学的理解和阐述必定存在偏差。以上描述也只是个人臆测，期待未来的科学家们能够为我们揭开谜题，验证是否“无，名天地之始；有，名万物之母”，验证万物的真理是否真正如“一”。

【第七章】

> **天长地久。天地所以能长且久者，以其不自生，故能长生。**
>
> **是以圣人后其身而身先，外其身而身存。以其无私，故能成其私。**

《道德经》第六章中，老子说“谷神不死，是谓‘玄牝’”。世间的万物皆由阴阳构成，有阴阳即有生灭，但是生育长养万物的本体——“道”却是无始无终、无生无灭、永恒不变的。

在第七章，老子延续上一章的话题接着阐述，他说“天长地久。天地所以能长且久者，以其不自生，故能长生”。这里的天和地，并非我们现在所指的天空和大地。天空、大地乃至整个有形的物质世界都是变化的，是有生有灭的。人类社会亦是如此，沧海桑田，我们从历史上可以看到一个王朝替代另一个王朝，一种文明接替另一种文明，没有什么事物的状态是永生不变的，一切皆在阴阳转换之中。所以，老子此处所讲的“天地”还是指“道”，只有“道”是永恒不变的。为什么“道”是永恒的呢？老子说，“以其不自生，故能长生”，其含义是说因为大道本体空无，时时刻刻处处清静无为，没有自体与他者的概念，没有生与死的定义，没有丝毫分别，没有分别就没有阴阳，没有阴阳就没有生灭变化，所以能够“天长地久”。

然而，人是有分别的，由于身处阴阳的二元偏执之中，我们执着于这个“身”，执着于“我”的存在。古时的人们炼丹、修仙、求取长生，现代的人们发展医药、医美，我们对“身”的执着从未停止，因为人的本性就是如此。

“是以圣人后其身而身先，外其身而身存”。世人想要延长寿命，具体该如何做呢？老子说，要效仿天地，秉持中道，超越阴阳的分别执见。凡事不要妄求，顺应自然就好，做到物来顺应，未来不迎，坦然面对和接受一切即可。我们可以尝试放下对自我的执着，凡事将自己的利益放在他人的后面，让自己远离欲望的纠葛。因为欲望是一个人对自我执着的最根本体现。如果没有过分的欲望，我们自然会开心无忧，时时保持内心的空明清静，如此自然能够长寿健康。同时，我们将利益更多地让予他人，少了你争我夺的矛盾，自然也就远离了外界的滋扰祸端，所以自然能够保证“外其身而身存”。

《黄帝内经》有这样的描述，“余闻上古有真人者，提挈天地，把握阴阳。呼吸精气，独立守神，肌肉若一。故能寿敝天地，无有终时。此其道生。中古之时，有至人者，淳德全道，和于阴阳。调于四时，去世离俗，积精全神，游行天地之间，视听八达之外。此盖益其寿命而强者也。亦归于真人。”黄帝说，如果有人能够真正达到心物一元、清静无为、把握阴阳的境界，那么这个人就能回归大道本源，可与天地同寿，寿命无有终时。

此刻有的朋友会说，什么东西都优先让给他人，自己不就没有了吗？老子这时继续说，“以其无私，故能成其私”。你以为这是无私吗？其实这是最大的自私。你以为自己真的受损了吗？其实从长远的周期来看，你才是最后最大的受益者。你的无私最终将会成就你的“自私”。因为，当我们无私帮助他人时，自然也会获得他人的信任和支持；当我们自私地伤害他人时，必然也会被他人怨恨和报复。这是阴阳生克转化的原理。由此，我们可以理解“天地之间，其犹橐籥乎？虚而不屈，动而愈出”的真正含义，内心清静而湛然，外行无私而利人，一切淳德全道，和于阴阳，这就是真正的无为之道。

所以，如果我们想要真正“自私”到极点，甚至想把整个天下都据为己有，那么我们就要无私到极点，乃至达到“无我”的状态，忘掉自我，没有任何私心私欲，全心全意为天下百姓着想。而当我们全心全意为人民服务的时候，百姓自然也会拥护我们，这样反而成就了我们“自利”的结果。抗战胜利之后，中国共产党为什么能够战胜国民党而解放全中国呢？就是因为共产党的初心是无私的，是为百姓谋福利的，这合乎了“道”的法则。

我们再观察如今那些因贪腐被捕的自私的人，不论政府官员还是企业高管，他们曾为一己之私而损害他人利益，最后反而为自己的“苦心经营”付出了高昂的代价。这一切皆因他们不知晓“道”的原理啊！

【第八章】

> **上善若水。水善利万物而不争，处众人之所恶，故几于道。**
>
> **居善地，心善渊，与善仁，言善信，政善治，事善能，动善时。**
>
> **夫唯不争，故无尤。**

《道德经》第七章告诉我们“后其身而身先，外其身而身存。以其无私，故能成其私”。那我们应该如何做到真正的无私呢？老子在本章进行了阐述。他选取了一个参考对象，那就是水。

老子说，“上善若水”，真正的善就如同水一样，水的特性几乎接近于道。为什么这样说呢？水这种物质，无色无味，但又可以融合任何颜色和味道，呈现出各种颜色和滋味。水没有自己的形状，但是可以呈现出任何形状，放到杯子里呈现出杯子的形状，放到碗中就呈现出碗的形状。水可以以气态、液态和固态的形式呈现，应时而变。我们的饮用水是清净的，洗涮的水是污秽的，即便将水用于冲刷马桶，它也毫无怨言，没有任何自私、自恃的想法，没有善恶之分。“利万物而不争”，它滋养了万物，所有的生命都离不开水，但是它却毫无所求，丝毫不认为万物都应该崇敬自己、感恩自己、报答自己。水的一切都体现出无为，一切都顺其自然。所以老子说“上善若水”，水是最接近于道的。

如果我们能够效法水的无私，便是真正的善。到了那个时候，我们的行为思想接近于道了，可以无为而无所不为。但是我们能做到吗？对于大多数人而言，这是非常困难的。俗话讲：人往高处走，水往低处流。人之性与水之性是截然相反的。大部分人因为“分别”而强调“自我”，凡事突出自我，喜欢谋私，喜欢竞争，喜欢把他人的变成自己的。所以，现实中很少有人能克服人性的弱点，做到像水那样无私。

那我们应该如何矫正自己的行为呢？老子继续说，“居善地，心善渊，与善仁，言善信，政善治，事善能，动善时”。“居善地”，我们要效法水，心态上持守中道，行为上甘于利他，在人际交往和行为处事中谦逊恭谨，愿意居于下方，让利于他人。“心善渊”，纯洁的心灵仿佛宁静澄湛的深渊一般，稳定安详，不为外界因素所侵扰。“与善仁”，待人接物有慈慧仁爱之心，不计任何得失地助益他人。“言善信”，言语表达诚恳守信，不谄媚、不浮夸。“政善治，事善能”，立身处世，正直、公正、包容，尽职尽责，不吝惜自己的能力，不推卸自己的责任。“动善时”，采取行动时，善于把握阴阳，审时度势，掌控时机。

“夫唯不争，故无尤”。老子说，如果无私无欲，不刻意去竞争，一切顺其自然，做好自己本分的事情，我们就不会有烦恼和忧患，自然会成就好的结果。这是大道无为的原理，也是所谓“尽人事、听天命”的真正含义。

我们曾经倡导学习西方的文化与思想。西方思想讲究物竞天择，适者生存，鼓励竞争，所以其行事手段以霸道为尊。如今，我们的社会也在倡导竞争，人与人之间、家庭与家庭之间、企业与企业之间，甚至从幼儿园开始，我们生怕孩子输在起跑线上，努力提升孩子的知识和技能，但是传统的“仁爱”“谦让”“互助”的观念正在离我们越来越远。我们反思一下，世间的资源是有限的，人人都想居于金字塔的顶端，当稀缺的资源越来越集中于少数人手中，没有获得资源的人又该如何呢？彼时的大家，人人皆自私自利而没有仁德之心，一心一意要为自己谋得更多的利益，接下来又会发生什么呢？其结果必定如孟子所说，“上下交征利而国危矣”。

我们现在可以看到美国很多富豪，如比尔·盖茨、沃伦·巴菲特等人，反对政府给高收入群体减税。其实减税对富人是有好处的，那这些人为什么会反对呢？因为他们害怕资源和财富过度集中，一旦有一天阴阳发生极端转化，他们的财富将被彻底重新分配，他们反而明白“天之道，损有余而补不足”的原理。中华民族的文明源远流长，回望春秋战国的历史，我们就能够理解国家为何反对资本垄断、倡导共同富裕了，其中无不蕴含阴阳统一平衡的道理，值得我们仔细领悟。

【第九章】

> 持而盈之，不如其已；
> 揣而锐之，不可长保。
> 金玉满堂，莫之能守；
> 富贵而骄，自遗其咎。
> 功遂身退，天之道也。

在《道德经》第八章中，老子提出“居善地，心善渊，与善仁，言善信，政善治，事善能，动善时。夫唯不争，故无尤”。这是老子借用“道”的本性向我们这些处在颠倒之中的世人阐释如何依道行事。其中“动善时”，就是告诉我们要和于阴阳，调于四时，把握阴阳的统一平衡，掌控阴阳变化的时机。

《黄帝内经》中的《素问》篇讲述了人体健康与阴阳平衡之间的关系，经中有言：“故阴阳四时者，万物之终始也，死生之本也。逆之则灾害生，从之则苛疾不起。”其含义是，万物都应该遵循阴阳四时的规律，保持阴阳平衡，如果顺应阴阳四时，人就会健康长寿；若违背了四时，人就会灾祸丛生。

春生夏长秋收冬藏。春季要夜卧早起，生而勿杀，予而勿夺，赏而勿罚，违反的话就会伤到肝脏，导致夏季时得寒病。夏季要夜卧早起，无厌于日，使志勿怒，不要害怕炎热，通过流汗使体内的气得以宣泄，违反的话会伤到心脏，导致秋天时得疟疾，冬季亦可能因此得重病。秋季要早卧早起，收敛神气，使志安宁，收敛自己的精、气、神，保持心态的宁静祥和，违反的话会伤到肺脏，导致冬季时腹泻。冬季要早卧晚起，去寒就温，无泄皮肤，不要让自己受寒，违反的话会伤到肾脏，导致春季时气血逆行。这些都是我们的身体遵循四时变化的案例。

这里我们还需要深入思考，这个“时”究竟是什么呢？是时间吗？是时机吗？是时势吗？都是也都不是。那“时”的本质究竟是什么呢？追根溯源，“时”的本质是阴阳的生克转化。我们在介绍周期的概念时，曾把阴阳的转化定义为周期，这就是“时”。阳盛阴衰，阳极生阴，阴盛阳衰，阴极生阳。这个阴阳的生克转化之势就是我们需要把握的“动善时”，我们要时刻观察、思考、分析自己当前处于阴阳变化中的何种阶段，未来的变化将走向何处，以此来作为我们选择和判断的依据。

在第九章，老子说：“持而盈之，不如其已；揣而锐之，不可长保”。打个比方，水桶的容水量是有限的，如果我们一直不停地往桶里注水，不久后水就会溢出。再比如我们削铅笔或者磨铁锥，当达到一定程度时就要停下来，如果继续削、磨，铅笔和铁锥就会断掉，继而重新变钝。世间万物变化无常，当事情发展到一定阶段，必然发生阴阳转化，我们要懂得掌控阴阳法则，顺应阴阳之势而动，要知道适时地知足知止，否则就会得不偿失。

“金玉满堂，莫之能守；富贵而骄，自遗其咎”。老子说，当富贵程度已经达到满屋皆是金银财宝的时候，我们就要警惕了，因为阴阳在不停地转化，金银财宝是不可能“持而盈之”的，马上就要面临减损了。这个时候，我们要遵道而行，主动将钱财拿出来做善事，以维持阴阳平衡，如此我们的富贵方可长久。如果我们此时还继续为自己积累财富、独享财富，所谓“多藏必厚亡”，当阴阳发生转化时，将会有一股无形的力量重新调节世间阴阳的平衡。

奈何世人不懂得阴阳生克转化的道理，很多人在富贵之后，摒弃了本初之心，不知收敛反而狂妄自大，骄奢淫逸，惹来嫉恨仇视，这类人的下场就非常难看了。我们观察那些曾经红极一时而如今深陷危机的富豪，大多数是因为骄横走上了这条“背道而驰”之路。要知道，这些人之所以这般结局，其实并无他因，都是自作自受，不懂得阴阳生克转化的缘故。

最后老子说，“功遂身退，天之道也”。这里“功遂身退”的含义范围很广，并非单指我们在事业成功时要急流勇退。其实生活、学习、社交等方面皆是如此。比如某个行业已经发展到成熟阶段，某类投资项目异常热门，某类专业特别火爆，在这个阶段我们要懂得谨慎选择。工作或者学习劳累到一定程度时，我们要懂得停下来休息。年轻时我们阳气充足且精力旺盛可能不会在意，但是当人到中年后，我们就要时时注意保养自己的身心了。我们应时刻关注自己的“位置”，在阴阳转化尚未发生之前及时调整。唯有恪守中道，善于把握阴阳平衡，掌控和顺应阴阳变化的规律，才能更好地保全自己。

【第十章】

载营魄抱一，能无离乎？

专气致柔，能如婴儿乎？

涤除玄鉴，能无疵乎？

爱民治国，能无为乎？

天门开阖，能为雌乎？

明白四达，能无知乎？

（生之畜之。生而不有，为而不恃，长而不宰，是谓“玄德”。）

“道”的本体清净湛然，无生无灭，无始无终。然而，世人因为深陷阴阳二元偏执，故而呈现出有生有死的阴阳转化，并且在这个过程中饱受忧悲苦恼的侵扰。那么我们如何摆脱这种状态呢？老子说，我们需要通过修行来回归清静空无的本真本源，回归无为而无所不为的大道。

我们曾借用量子力学的概念来阐述“空无生妙有”。这一章我们则研究如何从妙有返回空无。我们知道，万物皆因阴阳而生起，阴阳是由分别而生起，如果我们想要回归，就必须摆脱阴阳、放下分别。我们用什么方法可以做到呢？简要来说就是对当下境不再起心动念，不分别了就是回归了，只需放下就好。

然而，“理”上说起来易，“行”上做起来难。我们在这个世间生存了这么久，早已被各种习气污染，妄想思维一刻都不能停止，很难做到放下并且让思绪持续停留在清静空无的状态。或许我们闭上双眼的一刹那，会有极短的时间处于清静状态，但随后我们的思绪很快又会被各种分别妄念所占领。因此，我们需要在实践中慢慢练习，如同剥洋葱一般，一层一层地剥减分别妄念，逐渐回到清静的状态。

至于修行的具体方法和路径，其实有很多种。佛家讲“八万四千法门”，这里的“八万四千”并非数学上的实际数值，而是形容数量繁多，实指条条大路皆可通往罗马。正如树状图一般，大道既然从一衍生出万事万物，有无数的路径，那么万物归一，同样会有无数条路径。

日常生活中，我们接触比较多的修行方法可能是打坐、冥想、瑜伽等。但是，这些方法是修行的“形”，是修行的路径，这些路径可以有效帮助我们回归，但并不代表打坐、冥想、瑜伽就是修行。真正的修行在于修“神”，如果我们每天无论行住坐卧都在练习如何保持内心清静空无，练习如何保持无分别、无妄想，那么我们就是在修行。

这里有朋友会问，我们在修行过程中，如何验证成果呢？本章老子就阐述了修行验证的方法。“载营魄抱一，能无离乎”，“载”字有“承载”之意，在本句中代指承载我们生命的身体。“营”字指的是生命中的血液养分，故现在有“营养”一词，在本句中代指生命的运行。“魄”字，我们通常说“魂魄”，本句中我们可以简单理解为思维意识。老子说，我们首先应该观察身体所承载的这个生命，每天是否会因点滴琐事而烦躁不安？身体是否因奔波劳碌而疲惫不堪？我们是否达到无有分别念想、清静无我的状态？

“专气致柔，能如婴儿乎”，“专气致柔”是讲“观呼吸”，这是一种修行的重要法门。此处我们不作细讲，大家可以暂且理解为气息柔顺，平缓安详，呼吸与万物合一，甚至连自我的呼吸都感受不到了，就好像婴儿一般。大家都知道，当我们情绪不稳定时，不论喜怒哀乐，呼吸的波动性都非常大，但是婴儿因为无知无畏，心态平和宁静，所以呼吸能够达到“专气致柔”的境界。

“涤除玄鉴，能无疵乎”，老子说，日常生活中，我们时刻内观自己的思维意识，是不是达到澄澄湛湛而没有任何妄想杂念呢？“天门开阖，能为雌乎”，这里的“天门”是人颅顶的中心点——百会穴处，据说当人在纯阳无杂的状态下，天门会自然开阖。我们可以从很多刚出生的婴儿头顶看到这种现象。这是因为婴儿刚刚出生，阳气非常旺盛，而后随着年龄的增长，阳气逐渐减弱，阴气逐渐上涨，天门也会随之闭合了。

“爱民治国，能无为乎”，“明白四达，能无知乎”，圣人治理国家，也是一种修行，讲求无为而治。虽然外在看似无为，实际上一切井井有条，达到无所不为的状态。圣人智慧圆满，明白四达，通晓了世间万法，外表看似无知，但实际上他们无须再知道什么，已经能够无所不知。由此可见，人生的行住坐卧、吃喝拉撒、柴米油盐其实都是在修行。我们应将修行的意识融入自身的工作、学习中，时刻反思自己的所作所为是否应和了清静无为的大道。

“生之畜之。生而不有，为而不恃，长而不宰，是谓‘玄德’”。本章最后一句，老子进行了总结，大道生育天地，运行日月，滋养万物，但是生而不有，为而不恃，长而不宰，不认为世间有主宰，更不认为自己是这个主宰，一切清静空无，处处皆是自然，这就是最玄妙的德行，是道的真如本体。道是体，德是行，二者融为一体，道中有德，德中有道；德就是道，道就是德。

【第十一章】

> 三十辐共一毂，当其无，有车之用。
>
> 埏埴以为器，当其无，有器之用。
>
> 凿户牖以为室，当其无，有室之用。
>
> 故有之以为利，无之以为用。

前文，老子向我们介绍了世界万物的本体——“道”，它湛然空无，清静无为，它是无分别的“阴阳合一”。然而世人颠倒，执迷于“实有”，认为只有眼、耳、鼻、舌等感官识别到的事物才是真实的。这其实是因为世人不知道"有"与"无"的真正关系，不认识真正发挥核心作用的主体。《道德经》第十一章，老子继续向我们阐释"道"的体性，他通过形象的比喻阐述了"有"和"无"的真实属性，告诉我们到底什么才是最为核心的。

第一个比喻，老子拿我们熟悉的车轮作例，车轮的构造非常奇特，它由辐条固定而成，但是车轮的中央却是空无的。正是这种"空无"结合"实有"的辐条，构成了轮毂，使车轮转动起来，产生了运动。我们用黏土制造陶器，外围的黏土是"有形"的，但是这份"有形"必须结合内在的"无形"才能够真正发挥装载的作用。我们挖凿洞窟，安装好门窗，将其作为居住的场所，正是因为"空无"与"实有"结合，我们才可以借其躲避风雨。老子问我们：到底是"有"在发挥关键作用，还是"无"在发挥关键作用？

"有之以为利，无之以为用"。老子说，单独具备有与无的某一边，是无法发挥作用的，我们应该从整体的角度去看待问题。探究万物的本性，既不要偏执于"有"，也不要偏执于"无"，不要将二者"分别"开来，一旦分别，我们就落入了二元偏执。道体自性本源清静但是能生万法，"有"与"无"在究竟意义上实无分别，本自一体。

为了便于进一步理解，我们再次回顾《道德经》的第一章。在这一章中，"有"和"无"是最为核心的观念，"有"与"无"是"阴"与"阳"的两面。老子说，"无，名天地之始；有，名万物之母"，此两者同出而异名。"阴"与"阳"相辅相成，我们感受到且命名出来的万物，在表面上是从"有"（阴）的母性中诞生的。但是从究竟义上看，这个"有"最初是从"无"中来的，它的本然状态其实是"无"（阳）。而这个"无"又不是什么都没有，它指一种无形无相的清净湛然的状态，这种状态又具备了能够产生万物的功能，实质是无分别的阴阳合一。

时常听到有些朋友说，某人“悟道”了。那么他究竟“悟”出了什么呢？这个“悟”字是“忄”和“吾”的组合，即“我的心”，心乃万物之根源，悟到了心，找到了“我的心”，即解开了众妙之门。但是，真“有”一颗心可以来悟吗？道的本体是真如清静，是既没有“有”也没有“无”的概念的。“有”个“道”可悟，那就是“有”了。“悟道”其实也什么都没有悟到，什么都悟不到，因为不需要去悟，连“悟”本身也在道中，一切本来如是。

所以，当我们认为自己“悟道”了，其实意识里早已有个“自己”，有个“悟道”，还有个“想要悟道的欲望”存在，那其实是还没有真正“悟道”啊。

【第十二章】

> **五色令人目盲，五音令人耳聋，五味令人口爽，驰骋畋猎令人心发狂，难得之货令人行妨。**
>
> **是以圣人为腹不为目。故去彼取此。**

《道德经》第十一章，老子讲“有之以为利，无之以为用”，他通过形象的比喻向我们阐述“有”和“无”的真实关系，二者同出而异名，本自一体，和谐共一才是真正的道体本性。那么世人是如何看待的呢？世人是偏执于“有”的。

“五色令人目盲，五音令人耳聋，五味令人口爽，驰骋畋猎令人心发狂，难得之货令人行妨”。古时的“五色”指的是青、赤、黄、白、黑；“五音”指的是宫、商、角（jué）、徵（zhǐ）、羽；“五味”指的是酸、苦、甘、辛、咸。其中涉及金、水、木、火、土的五行概念。五行的内容非常庞杂，此处我们不做过多拓展。我们只需要知道，五行在本质上也是一种代号，其本义也是借助这五种元素的属性特征来阐释事物和现象的阴阳生克转化关系，其实质还是在告诉我们阴阳的协和统一。

《黄帝内经》对“五行”有这样的描述：“东方青色，入通于肝。开窍于目，藏精于肝，故病在头。其味酸，其类草木，其畜鸡，其谷麦。其应四时，上为岁星，是以知病之在筋也。其音角，其数八，其臭臊。南方赤色，入通于心。开窍于舌，藏精于心，故病在五脏。其味苦，其类火，其畜羊，其谷黍。其应四时，上为荧惑星，是以知病之在脉也。其音徵，其数七，其臭焦。中央黄色，入通于脾。开窍于口，藏精于脾，故病在脊。其味甘，其类土，其畜牛，其谷稷。其应四时，上为镇星，是以知病之在肉也。其音宫，其数五，其臭香。西方白色，入通于肺。开窍于鼻，藏精于肺，故病在背。其味辛，其类金，其畜马，其谷稻。其应四时，上为太白星，是以知病之在皮毛也。其音商，其数九，其臭腥。北方黑色，入通于肾。开窍于二阴，藏精于肾，故病在谿。其味咸，其类水，其畜彘，其谷豆，其应四时，上为辰星，是以知病之在骨也。其音羽，其数六，其臭腐。”五行相生，木生火，火生土，土生金，金生水，水生木；五行亦相克，木克土，土克水，水克火，火克金，金克木。其中就蕴含着阴阳生克转化的道理。虽然五行讲的是阴阳转化，但是其核心又是和谐共一。金、水、木、火、土是一个有机整体，唯有各元素平衡、协调而统一地发挥作用，整个系统才能够健康有序地运转。

老子说，沉迷于纷繁绚烂的色彩，会让人眼花缭乱，进而损害视力。沉迷于快节奏而声响巨大的声音，会有损听力，甚至耳聋。饮食中追求各种刺激的味道，会让我们的口舌失去品味鉴别的能力。骑着快马在野外驰骋狩猎，虽然和现在的过山车、蹦极、滑翔伞、速降等极限运动无法相比，但是在古代这也是非常激烈的娱乐活动了。老子说，追求这类刺激的活动会伤害人的心神，使心神狂乱。追求各种稀有难得的宝物，要时时担心宝物被窃盗抢劫，所以会变得疑神疑鬼、提心吊胆。老子说这些“五色”“五音”“五味”“驰骋畋猎”“难得之货”本质上都是一种“有”，沉迷于这些“有”对人是无益的，它们耗费我们的精、气、神，损害我们的身体，但是世人偏爱它们，并且心甘情愿用一生的精力去追求它们。

我们甚至认为人生的目标就在于获得眼、耳、鼻、舌、身、意上的享受，否则生命将索然无味、毫无意义。因此，我们费尽心思设计开发出很多产品来满足自身的需求，从而使自己更加执着于“有”，更加认为这个“有”才是真实的，从而距离清静的大道越来越远。

现在的人们在获取财富后，企图通过如信托、保险等方式来保障资产的安全和独有，期望能够将财富永续，传给子孙后代。然而，我们观察周边的现象就会发现，但凡有形的事物都是有生有灭的，自诞生那一刻起，就开始走向灭亡。一个人、一个家庭、一个企业、一个王朝、一种文明，莫不如此，都有终结的时刻，只是各自的周期长短不同而已。有形的物质财富更是如此，再多的钱财也不可能实现永续相传。更何况这些有形之物的传承反而增加了后人对“有”的执念，其结果反而是害了子孙后代。古语有云：“道德传家，十代以上，耕读传家次之，诗书传家又次之，富贵传家，不过三代”，讲的就是这个道理。要懂得，真正传承的其实应该是道德、仁爱和无私利他的精神啊！

《周易》六十四卦中即有一卦，名为小畜卦，这一卦的卦象是“风行天上……君子以懿文德”，其寓意是当我们小有储蓄之时，不可被财富所奴役，要树立正确的财富观念，要不断地积累人文德业，如此方能和顺长久。当然，我们现在学习《道德经》，已经知道这个人文德业远不只我们所讲的品德修养，还包括世间万物的真理、本质、规律和法则。子孙们如果能够修习道德，遵道而行，他们自然会创造出属于自己的一片天地，何须我们特意留传财富给他们呢？

本章最后一句，老子说，“是以圣人为腹不为目。故去彼取此”。这里“腹”代指能够真正带来永久幸福满足的“无形”的道德追求，而“目”代指各种有生有灭的暂时性的“有形”的感官刺激。老子说，真正的圣人知道自己应该追求什么，他们摒弃外在的物质追求，一心一意去探索那永恒真实的大道。

【第十三章】

> 宠辱若惊，贵大患若身。
>
> 何谓宠辱若惊？宠为上，辱为下；得之若惊，失之若惊，是谓宠辱若惊。
>
> 何谓贵大患若身？吾所以有大患者，为吾有身；及吾无身，吾有何患？
>
> 故贵以身为天下，若可寄天下；爱以身为天下，若可托天下。

上一章，老子告诉我们，“圣人为腹不为目”，我们不可被五色、五音、五味等感官刺激享受所迷惑。那么人们能够做到吗？在第十三章，老子将为我们揭晓答案。

老子说，“宠辱若惊，贵大患若身”，“宠辱若惊”的字面意思是人们因为受到恩宠赞誉而惊喜，因为受到侮辱贬低而恐慌。那么老子是如何解释的呢？首先我们需要知道，宠也好，辱也罢，本质上都是外在环境对我们的一种反作用。对于“宠”和“辱”的理解，我们不可局限于“恩宠”“侮辱”的意思。“宠”表现为外在条件对我们有利的时候，最典型的就是当我们在人际关系中不占优势时，面对外部给予我们资源上的支持，如提携、帮助、照顾等，我们常常表现出欣喜若狂、喜不自胜。而“辱”则表现在外在条件不利之时，如碰到刻意刁难等情况，我们则会惶恐不安、怨天尤人。

世人为什么会有这样的表现呢？老子说，关键在于大家对这个有形身体的患得患失，其根本原因是执着于这个“我”，执着于这个“身”。因为面对

"宠"时，我之身将受益；面对"辱"时，我之身将受损。所以，我们才会表现出两极化的反应。那到底什么是"身受益"，什么又是"身受损"呢？单纯指利益上的增加和减少吗？其实这些损益的背后就是老子所说的五色、五音、五味等感官享受的满足和不满足。所以，老子说世人颠倒，为了追求这些华而不实的东西奔波劳碌，因"宠辱若惊"而忧悲苦恼，耗损了自己的精、气、神，也荒废了探索人生的真正意义。

"何谓贵大患若身？吾所以有大患者，为吾有身；及吾无身，吾有何患？"老子继续说，这所谓的"宠辱若惊""大患若身"，其核心本质是在于人们执着有"我"、执着于有"身"。世间万物因分别执着而生，而"我"就是世人乃至众生最大的分别和执着，设想如果没有了这个"我"，没有了这个"身"，没有了分别和执着，那我们会变成什么样子呢？我们还会如此患得患失吗？还会因外在的环境变化而"宠辱若惊"吗？这其实是老子在借机阐述大道的本体自性。道的本体是"一"，天下万物皆为一体，当我们回归了大道本源，与万物融为一体，一切清静祥和，没有了分别，没有了你我，没有了内外，没有了宠辱，哪里还有什么"宠辱若惊"呢？哪里还会因"宠辱若惊"而产生忧悲苦恼呢？没有这些束缚，岂不是真正的逍遥自在吗？

老子说，"故贵以身为天下，若可寄天下；爱以身为天下，若可托天下"。这句话有双重意义。一是站在出世间法层面，二是站在世间法层面。对于出世间法，我们要舍掉"有我"和"有身"，成就"无我"和"无身"，天人合一，和光同尘，回归那个永恒的湛然清明的无极太极，这是得到"道"的天下。对于世间法，我们要舍掉"小我"和"小身"，追求"大我"和"大身"，放下自身的利益，把天下的利益摆在最前面，无私地服务于天下众生，一切皆以众生的利益为先。如此，天下众生自然会拥护我们，这是得到"德"的天下。

纵观历史，哪一个伟大王朝的建立不需要以天下百姓为先？如果做不到这一点，相信这个政权必定很快就会走向灭亡。大道至简，当我们有了对道家思想的领悟，有了对历史的验证，我们就能够掌握世事万象变化的“神”。我们再以此来研判当今与未来的国际国内政治经济形势就非常简单了。

【第十四章】

> 视之不见，名曰“夷”；听之不闻，名曰“希”；搏之不得，名曰“微”。此三者不可致诘，故混而为一。其上不皦，其下不昧，绳绳兮不可名，复归于无物。是谓无状之状，无物之象，是谓“惚恍”。迎之不见其首，随之不见其后。
>
> 执古之道，以御今之有。能知古始，是谓道纪。

老子在前面的章节重点讲解了万物的起源、构成、运行原理和法则，阐述了“有”和“无”的相互关系和相互作用。然而，很多朋友依然难以理解，毕竟我们看见的情景、听到的声音、闻到的气味、尝到的味道、身体的触感、头脑里的意识……它们都是实实在在的，怎么可能是“空无”的呢?《道德经》第十四章，老子就通过大道的“物理”属性来向我们详细阐释。

我们通常依靠自身的感官对事物和现象进行界定并做出判断。那我们需要问自己一个问题：我们的感官是否可靠呢？非也。人类的感官是存在局限性和欺骗性的。我们应该感谢当今科学技术的发展，在给我们带来舒适物质生活的同时，也让我们可以利用科技来佐证古圣先贤的“智慧”。

要知道，在古代科技不发达的条件下，人们很难理解什么是微生物。人们很难领悟“佛观一钵水，八万四千虫”的说法；人们很难理解生命为什么如此珍贵；人们更难理解“空间”和“时间”的变化。如今，我们可以借助现代科技来更好地理解和认知这个宇宙，但是，科技发展虽快，但还没有达到圆满的程度，当前还有很多尚未解开的谜题，我们现在学习的知识和理论也未必就是完全正确的。在这种情况下，我们应该秉持理性的态度，以发展的眼光和开放的视角来对待暂时未被证实的理论和观点。我想这才是真正的科学精神，才是真正的中道包容。

“视之不见，名曰‘夷’；听之不闻，名曰‘希’；搏之不得，名曰‘微’。此三者不可致诘，故混而为一”。其实，老子也非常理解大家对于“空无”与“妙有”的疑惑。他说，我姑且把眼前看不见的存在定义为“夷”；把听不见的存在定义为“希”；把无法用触觉感受到的存在定义为“微”。注意，老子这里讲，大道并不是那个什么都没有的“无”，而是视之不见、听之不闻、搏之不得的存在，就好像我们肉眼无法观测到的不可见光，耳朵无法听到超频率范围的声音，以及不会给身体带来明显触觉的微生物一样，我们感官感受不到它们，但是我们不可以说这些光、声音和微生物从不存在。老子说，“道”就是看不见、听不见、摸不着的，因为它本自“清静空无”，继而具备了“夷”“希”“微”的共同属性，我们无法用感官实际感受这个“道”，但是我们并不能说它是不存在的。

此处，我们通过《列子·天瑞》来辅助理解，故曰：“有太易，有太初，有太始，有太素。太易者，未见气也；太初者，气之始也；太始者，形之始也；太素者，质之始也。气形质具而未相离，故曰浑沦。浑沦者，言万物相浑沦而未相离也。视之不见，听之不闻，循之不得，故曰易也”。

列子说，万物具备四种形态，或者说万物的产生经历了四个阶段，最初的状态是太易（太极），在太易的状态下，一切皆是清净湛然的，这也是道的本然形态；到了太初的状态，开始形成“气”，“气”已经属于“有”了，但是这是一种没有“形”的状态；到了后来的太始状态，开始具备“形”，但是这种“形”没有“实质”的状态；再到太素的状态，产生了有形并且可以感触的“实质”。要知道，气、形、质原是一体，从未分离过，这种状态可以被称为“浑沦”。就本质而言，它们都是从“太易”“太极”中衍化出来的，这个“太极”“太易”是一种视之不见、听之不闻、搏之不得的清静空无且永恒的存在。

“其上不皦，其下不昧，绳绳兮不可名，复归于无物。是谓无状之状，无物之象，是谓‘惚恍’。迎之不见其首，随之不见其后”。老子说，本体的“道”不是有形的，不是光明的，也不是黑暗的。从正面看，我们见不到它的首；从后面看，我们见不到它的尾，它没有边际，就好像不存在一样。我们根本无法用言语描述或定义它的形状和属性。因为一旦描述和定义了，就是“二”而不是“一”了，就是“实有”而非本质的“空无”了。

“执古之道，以御今之有。能知古始，是谓道纪”，下面老子继续说，这个无始无终、无生无灭、无法用时间和空间来定义和衡量的“道”，蕴含了寰宇世间的一切真理和法则。我们以此“道”来指导思维和行止，认知宇宙世间的“真相”，感知“空无”和“实有”的关系，顺应阴阳生克转化的法则，通达古今万事变化的规律，从而使自己不再迷惑彷徨。这才是学习“道”真正的价值所在，才不枉费“道”的传承啊！

【第十五章】

古之善为道者，微妙玄通，深不可识。夫唯不可识，故强为之容：

豫兮，若冬涉川；犹兮，若畏四邻；俨兮，其若客；

涣兮，其若凌释；敦兮，其若朴；旷兮，其若谷；

混兮，其若浊……

孰能浊以静之徐清？孰能安以动之徐生？

保此道者，不欲盈。夫唯不盈，故能蔽而新成。

前文，老子阐述了道是“有”与“无”的无分别统一，他倡导大家遵道而行，顺应自然，执古之道以御今之有。第十五章，老子将向我们展示真正得“道”、成“道”的人究竟是什么样子。

“古之善为道者，微妙玄通，深不可识。夫唯不可识，故强为之容”。老子讲，上古时期那些专志于道的人，他们的智慧与品性修养完全合乎“道”与“德”，身心和谐自然，内外圆觉兼通，我们把这些人称为“士”。这些“有道之士”微妙玄通，深不可识，清静精微到了玄妙不可言的境界。普通人根本无法用肉眼来识别，也无法用言语来描述，这是因为“有道之士”证悟之后，便与“道”和光同尘、融为一体了。如同第一章中的“道可道，非常道；名可名，非常名”一般，一旦能描述出来就不是真正的“道”了，“士”也就不是真正的“士”了。正因为不可道、不可名、不可识，所以此处也只能“强名曰道”“强为之容”。

“豫兮，若冬涉川”，本章中的“豫”也通“预”。真正得道的人，从外表看，他们好似犹豫不决，做人做事如履薄冰，如同冬天行走在冰面上一样小心翼翼。然而实际上，他们处处严谨审慎，时时刻刻观照自己的念头和行为是否合于道德。他们对人对事绝不草率，会提前做各种推演和预测，研究所行之事是否合于阴阳之势，预先准备好各种应对方案。当事情真正来临时，他们则可以悠然自得、安乐舒适。所以，“豫”字也有安乐的含义。

“犹兮，若畏四邻”，“犹”本义指一种猿类动物，它们和麂一样，时刻警惕，要把周边环境都了解清楚。老子说，真正得道的人，从外在看，他们瞻前顾后，就好像“犹”这种动物一样。实际上，他们深谙四时变化，思虑周详，做事前反复谋划和推演策略。当问题真正出现时，他们反而泰然和悦、一副无所畏惧的样子。所以，“犹”字也有和悦的含义。

“俨兮，其若客；涣兮，其若凌释；敦兮，其若朴；旷兮，其若谷；混兮，其若浊”。真正得道的人，他们自尊、自重、自律，胸襟宽广，包容一切。从外形上看，他们严肃而庄重，常使人心生畏惧而不敢靠近，然而当我们真正与这些人交往时，却发现他们非常温和亲切，与他们交往仿佛沐浴春风，能够化解我们内心的冰寒。据说孔子就是这样的人——望之俨然，即之也温，听其言也厉。真正得道的人，他们敦厚朴实、毫无自恃，外表好像一块再普通不过的石头，但实际上这块石头内里却藏着宝石珍玉。真正得道的人，他们内外清净圆融，思想旷达湛然，仿佛空灵的山谷一样。他们证了道，却不骄傲自夸，故作姿态，反而是平凡得不能再平凡，普通得不能再普通，一副混沌不清的样子。

“孰能浊以静之徐清？孰能安以动之徐生？”我们如今身处在这个纷繁复杂的浊世当中，应该怎样做才能成为“有道之士”呢？老子说，我们要学会“静”，通过“静”来逐渐回归清宁圆融的状态，逐步安住在岿然不动的无我境界。当我们静到极致，“守静笃，致虚极”，达到空无的状态时，我们自然能够无为而无所不为，发挥出徐徐生化万事万物的功能。

《常清静经》有言“人能常清静，天地悉皆归。”当真正回归永恒清静的“道”时，天地与我同体，日月与我同辉。此处需要提醒大家，这种“清静空无”并非什么都没有的“死寂”，如果认为这种状态是“死寂”，那就误解了。道体包容中和而无分别，这里的“清静空无”其实是一种清静而鲜活的明觉的状态，空明一体，阴阳一体，清浊一体，动静一体。这种状态无法用言语表述，只能我们自己通过实践去感受。

“保此道者，不欲盈。夫唯不盈，故能蔽而新成”。老子下面讲，在这样的修行过程中，最重要就是不欲盈。这个“不欲盈”是告诉我们，修行之路不要持“有”，不要希望求得什么，不抱有任何目的，一切顺其自然即可。因为心物一元，所有境遇和感受本是一体，无有分别，任何希望和目的都是冗余的。如果我们认为有个什么东西可以得到，或者追求怎样的体验，那么我们就又落入“有”了。大道空无，了不可得，清静无为。唯有保持中道思维，我们才能无畏陈旧和新成，因为大道本来就无所谓旧也无所谓新，无有分别，不增不减，不垢不净，不生不灭。

【第十六章】

> 致虚极，守静笃。
>
> 万物并作，吾以观复。
>
> 夫物芸芸，各归其根。归根曰“静”，静曰“复命”。复命曰“常”，知常曰“明”。不知“常”，妄作凶。
>
> 知“常”容，容乃公，公乃全，全乃天，天乃道，道乃久，没身不殆。

第十五章，老子向我们阐释了“道”以及“有道之士”的属性特征，但是老子真的把“道”和“有道之士”讲清楚了吗？“道”和“有道之士”真的有属性特征吗？非也。老子是说不清也道不明的。“道”和“有道之士”都是清虚空灵的，如果真有属性特征，那早已经不是“道”了。老子讲的这一切，都是借“有”说“无”，无非为了让我们能够借助“有形有相”来理解“无形无相”，究其本质而言，《道德经》所讲的一切概念都是强行命名的。

第十六章，老子开始向我们介绍应该如何真正见“道”、得“道”、回归本源“大道”。其实道家也好佛家也罢，他们的特别之处就在于不仅提出了理论，而且还提供了实践方法。本章老子讲的就是验证方法——致虚极，守静笃。老子说，当我们的身心达到了“虚”和“空”的极致，并且能够持续而无间断地处于清静合一的状态时，我们就可以见“道”了。此句的“虚”并非指虚弱，道家讲究“清”和“虚”，所以其含义等同于“清静空灵”。

《常清静经》中讲：“寂无所寂，欲岂能生？欲既不生，即是真静……如此清静，渐入真道。既入真道，名为得道。虽名得道，实无所得。为化众生，名为得道”。当我们达到内心空灵，没有一丝丝分别、妄想、执着，乃至连“空”的念想也空了，“无”的念想也无了，一切无相、无念、无住，那就是真清静了。如是保持清静为常态，那就是渐入真道了。但是真得到什么了吗？其实一切只是回归我们本来的样子，并没有什么额外所得。

“万物并作，吾以观复。夫物芸芸，各归其根”。老子说宇宙世间的万事万物，无时无刻不在运动变化，我们不应被这种表面现象所迷惑，我们应该去找寻和回归真相的本源。那个本源是无生亦无灭的，本质湛然空寂；那个本源是永恒而灵动的，能生万法万物。不仅是人类，世间万物都是一样，皆从“道”中而来，因此每个生命都是平等的，不存在高低贵贱之分。万物都可以找回那个本源所在，回归大道。

“归根曰‘静’，静曰‘复命’。复命曰‘常’，知常曰‘明’。不知‘常’，妄作凶。”老子说，回归本源最重要的就是求“静”，“静”是回归“根源”的最佳路径，我们可以在“静”中找到自己的“生命源泉”和一切问题的答案。当回归到这个本源，与大道融为一体，和光同尘，那就是真正的“明道”。

如果我们迷惘于阴阳二元偏执，执迷于世间的“实有”感受，不知道有这个永恒的“常”的存在，那我们就回归不了本源了，就将继续在苦海中流浪漂泊，那是非常凶险的事。

“知‘常’容，容乃公，公乃全，全乃天，天乃道，道乃久，没身不殆”。老子继续说，如果我们现在知道了这个永恒的道，通过精进修习渐入真道，舍弃了分别，丢掉了阴阳二元偏执，回归无极太极的状态，与大道融为一体，我们身心的容量就随即打开了，从此不再执着那些“你”或“我”、“你的”或“我的”、“正确”或“错误”，没有“自私”也没有“无私”，无所谓“善”也无所谓“恶”，因为那时这些概念都不复存在了。混元一体，你就是我，我的就是你的，自私就是无私，无私就是自私，我们与所有生命都能和谐共一、圆融通达，自然能够包容万法万象，和于阴阳。

【第十七章】

> 太上，不知有之；其次，亲而誉之；其次，畏之；其次，侮之。信不足焉，有不信焉。
>
> 悠兮其贵言。功成事遂，百姓皆谓："我自然。"

《道德经》的第十五章，老子介绍了"古之善为道者"究竟是什么样子，他们看似犹豫不决却又坚毅果敢，貌似严肃古板却又平易近人，外表敦厚朴实，内心豁达包容，"混兮，其若浊"，兼具阴阳的共同属性。《道德经》的第十七章，老子则向我们讲述善于以道治国的人应该是什么样子。此处我们虽然说是"治国"，但实际上治理一个国家、一个区域、一个机构或者一个家庭都是同样的道理。

"太上，不知有之"，老子说，顶级的管理者遵道而行，以"无为"之道治国理政。这样的管理者能够引领大众知常行明。在这样的治理下，每一位被治理者都没有分别性的自私自利的想法，大家都自发地做好分内的事情。每个人的出发点都是为了整个团体，每个人都主动关心关怀他人，每个人都谦逊而富有责任感。在这样的团体内，大家和谐团结，人人都能悠然自得。如果有人问："你们的管理者怎么样啊？"大家都会说："我们知道有这样一个人，但是我们不认为他是什么'管理者'，大家都是一起为团体做事，我们既不会因为他而多做些什么，也不会因为他而少做些什么，他在或不在都无关紧要，我们这个团体都能够良好地运转。"

"其次，亲而誉之"。第二层境界的管理者，他们善于把握阴阳，依德而作，顺势而为；他们合于四时，治理有方，勤政爱民。这样的管理者自己没有丝毫自私自利的欲望，也没有任何有所作为的目标，一切政策措施的出发点皆是为了大众的利益。下属们都喜欢他赞美他，团队里人人拥护他支持他。大家在这位管理者的带领下，每个人都积极主动地贡献自己的力量，每个人也都从团队协作中受益匪浅。他们认为这位管理者有品德有能力，是他带领大家走向成功，因此大家赞赏他是仁爱而有才能的管理者。

“其次，畏之”。再差一点的管理者，他们采用权力和制度来管理，利用霸道和威严来维持治理。他们运用各类规则、命令让被管理者听从、畏惧。如果有谁敢不服从管理，就必定受到惩罚。在这类管理者的管理下，大家要么提心吊胆、畏首畏尾，宁可不做事情也不敢冒进犯错；要么阿谀奉承、卑躬屈膝，企图通过讨好上位者来为自己谋取私利。

“其次，侮之”，第四类是最差劲的管理者，他们完全背道而驰，起心动念皆出于自私自利，下属只是他们谋取私利的工具。他们全然不顾下属的安危得失，将他人的利益置若罔闻。这样的管理者，下属瞧不起他，人人都嫉恨他、咒骂他。当然，这样的管理者也是“短寿”的，他带领的团队很快就会“破产倒闭”。

“信不足焉，有不信焉。悠兮其贵言。功成事遂，百姓皆谓：‘我自然’”。老子说，我讲的这些道理，有的人相信，有的人半信半疑，有的人嗤之以鼻。但是，这些都是发自肺腑的真言啊。真正好的管理者，都倡导无为之治，顺其自然。他们效法天地，生而不有，为而不恃，在悠然自得中做到功成事遂，而他却不认为自己有什么功劳。如果采访团队的下属成员，大家也都会说我们任何人都没有什么功劳啊，事情就是这样水到渠成，自然而然就成功了。

每一个国家、机构、部门乃至家庭的管理者，都有不同的行事风格和管理办法。大家通常都认为自己的方式方法才是正确有效的。本章，老子给了我们一面镜子，让我们通过这面镜子来自我检验。“有之”“誉之”“畏之”“侮之”就是这面镜子。下属、子民、家人、朋友就是这面镜子。管理者可以以此检验自己是否做到了“处无为之事，行不言之教”。“无为”不是什么都不做的不为，而是在“为”的过程中，不执着于二元偏执，放下自私自利和偏见，从大众利益出发的“为”，是“居善地，心善渊，与善仁，言善信，政善治，事善能，动善时”的“为”，是顺其自然而“为”，是看似“无为”实则无所不“为”。

【第十八章】

> **大道废，有仁义；智慧出，有大伪；六亲不和，有孝慈；国家昏乱，有忠臣。**

老子的《道德经》主要讲了两件事，一件事是“道之体”，另一件事是“德之用”。“道之体”讲清静空无，“德之用”讲阴阳转化。温故知新，老子在第一章中说，“道可道，非常道；名可名，非常名”，意思是说当一个概念或定义被命名时，它的对立面也随之映衬而生，它就已经落入了二元偏执。大道清静圆融，所以“道”的定义无法被界定，也无法被命名。世间万事万物都在道中，没有任何事物能够脱离这个法则。我们带着这样的观念来看第十八章的内容就非常容易理解了。

“大道废，有仁义；智慧出，有大伪”。老子说，世间践行大道的人越来越少了，所以人们才提出了“仁义”的宣传口号。如果这个世界上人人都是有道之士，社会一片和谐温馨，百姓人人仁爱、无私、利他，事事合理、圆融、通达，哪里需要倡导什么“仁义”呢？我们又向谁去宣传“仁义”呢？当我们在一个组织或者部门内提倡大家讲“仁义”和“道德”的时候，其实就已经证明该组织或部门的内部出现了非仁义或非道德的现象了。同理，当一个社会大力倡导智慧贤达的时候，恰恰说明这个社会已经有与“智慧贤达”相反的昏庸愚昧、以伪谤真的现象存在了。如果社会上人人皆智慧贤达，我们何必去倡导智慧德行呢？又该向谁去倡导呢？

“六亲不和，有孝慈；国家昏乱，有忠臣”。在一个和睦的大家庭中，父慈母爱，子孝妻贤，兄弟和睦，又何须强调父慈子孝的概念呢？正是因为已经有了六亲不和的现象，所以才倡导慈孝。大家都知道被称为“圣王”的舜是古代孝道的代表。舜的生母为人贤良，但不幸的是，她在舜幼小的时候就去世了。舜的父亲再娶并且非常偏爱舜的继母和弟弟，他们三个人常联合起来欺辱舜，甚至多次想要谋害他。但是舜并没嫉恨他们，反而一直孝顺父母，对弟弟友爱。舜也正是因为这样的孝悌而被尧帝选为继承人。同理，当我们盛赞比干、屈原、岳飞、文天祥等人忠肝烈胆、忠贞不二之时，是否想到正是因为当时君王不明、朝纲昏乱，才反衬出了他们的英雄形象呢?

当我们看到“仁义、智慧、慈孝、忠诚”这些词语，时常会联想到儒家思想的“仁爱”理念，要知道，孔子曾经三次问道于老子并提出倡导“周礼”，宣达“仁爱”的思想，而老子却不以为然。很多朋友会疑问，难道老子的立场是反对仁义、智慧、慈孝、忠贤的吗？当然不是。我们学习《道德经》，应该知道老子的立场一直是中道包容的，一直是无分别的阴阳合一,一直是清静空明的无为而治。

首先，我们要了解老子的思想是基于整个宏观的宇宙来看待问题，他讲的是天地的构成、运行，万物生灭变化的真如思想。在形而上层面，老子希望世人脱离二元偏执，清静无为，回归那个清净湛然的大道，以道治国才是从根本上解决问题。孔子提出“仁爱”思想是限定于当时的时间和空间条件，他希望用“仁爱”来挽救天下的苦难百姓，其本质还是一种“有”。这是属于世间法的内容，世间法即有阴有阳、有生有灭，并非圆满究竟。

其次，老子知道“仁爱”思想在人世间是合理的，因为“仁爱”本就与《道德经》中《德经》部分相吻合。然而，仁爱之德的运用是基于清静之道基础上的，不明了“大道”的中道而谈论“仁爱”，那么“仁爱”就会陷入阴阳的生克转化，并且终将转向其对立面——“非仁非爱”，其最后的结果会导致“仁爱”消失殆尽，人人皆无仁爱之心。那个时候大家将会更加茫然失措，反倒认为这些“仁爱”理念不过是死板的教条，仅仅是维护阶层统治和管理的工具罢了。到了那个时候，我们距离“仁爱”反而更加遥远了。

回看今日，我们虽然在大力弘扬传统文化，但反观私利至上、金钱权力至上的社会现象，有多少人还能够践行真正意义上的仁爱道德呢？很多现代人距离古时人们的质朴、真诚、仁爱、慈孝已然越来越远了。

【第十九章】

> **绝圣弃智，民利百倍；绝仁弃义，民复孝慈；绝巧弃利，盗贼无有。此三者，以为文，不足。故令有所属：见素抱朴，少私寡欲，绝学无忧。**

《道德经》第十八章展现了阴与阳相生相成的属性——有阴必有阳，有阳必有阴。世间万物皆出自“道”，无不遵循“道”的法则。老子主张我们的一切行为都应该顺随大道，超越阴阳的束缚，远离二元偏执。我们不必自作聪明，巧立各种分别性的概念，要弄各种技巧性的手段，要知道，这些分别性的概念和手段一旦被提出来，就产生了阴阳，就有了生灭，就已不可持续。虽然我们的初心是好的，但是随着时间的演化，结果最终都会走向其对立面，使结局事与愿违。

“绝圣弃智，民利百倍；绝仁弃义，民复孝慈；绝巧弃利，盗贼无有”。比如我们提出“圣”和“智”的概念，最初是希望树立榜样，鼓励大家学习效仿，共同进步。但是当人人都发挥才智，人人都争当圣人的时候，原有的和谐氛围就被打破了，钩心斗角、尔虞我诈就出现了，甚至还会催生出很多“假才智”“假圣人”，这就与“圣贤”的本意截然相反了。我们提倡“仁”和“义”，最初是希望大家彼此亲和关爱，遵守诚信道义。但这时标榜“仁义”的人出现了，他们利用别人的“仁义”为自己谋取私利，人们也不再相信“仁义”，这种“背信弃义”的结果与我们倡导的“诚信仁义”早已背道而驰了。我们积极发展各类技艺、追求舒适美好的生活本来无可厚非，但是当技艺过于发达，人们沉迷于“炫技”，就会滋生无尽的欲望，人们开始奔波劳碌，反而失去了享受生活的机会。我们打拼事业、创造财富，最初是为了与亲人和朋友共享美好的生活，但当我们拥有了财富后，却又变得猜忌提防，害怕亲人和朋友来窃取自己的财富。这是否也与我们的初心完全背离了呢？

所以老子说，绝圣弃智才能民利百倍；绝仁弃义才能民复孝慈；绝巧弃利才能众生和谐。一切只需无为而治，顺乎自然，不需要我们“画蛇添足”，回到我们最本质、最原始的初心即可，那是最质朴、最纯洁的存在。老子说，“故令有所属：见素抱朴，少私寡欲，绝学无忧”，“素”有纯洁干净之意，“朴”有未经雕琢之意。老子说，思想纯洁清静，行为内敛，为人朴素，没有了自私和贪婪的欲望，我们自然没有烦恼痛苦，这样才契合大道。

有朋友看到这里可能会讲，老子的这一套方案，在当今的世界和社会根本行不通。如果我们不发展，别人也会发展，如果落后了，我们就要被欺负，我们已经吃过这个亏了。确实如此，但是反思我们的立场，当我们产生了“我们”和“他们”的观念时，就已经陷入了二元偏执，就已经产生了阴阳对立，就已经产生了阴阳的生克转化。因此，问题的关键不在于发展与否，而在于我们能否秉持中道，以包容的视角看待问题。

《道德经》并不仅是中国人自己的《道德经》，它是全人类的瑰宝。老子希望所有人都能理解大道的真理，遵道而行，回归那清静无为的大道本源。道家思想诞生于我们中土，“传播道德”的担子需要中华民族来挑起。况且我们现在正处于中华民族伟大复兴之时，传统的文化瑰宝得以保留，这意味着我们有责任也有义务向全世界传播这些精神宝藏。因此，我们的视野和格局应该更加宏大宽广，应当从如今国与国、民族与民族之间的分别对立中超越出来，转而为全人类的共同命运而努力作为。只有具备这样的视野和格局，我们才能挑起造福世界的重担，才能对得起中国作为世界文化中心的责任，才能做到真正的“贵以身为天下，若可寄天下；爱以身为天下，若可托天下”。

【第二十章】

> 唯之与阿，相去几何？美之与恶，相去若何？人之所畏，不可不畏。荒兮，其未央哉！
>
> 众人熙熙，如享太牢，如春登台；我独泊兮，其未兆。
>
> 沌沌兮，如婴儿之未孩；傫傫兮，若无所归。
>
> 众人皆有余，而我独若遗，我愚人之心也哉！
>
> 俗人昭昭，我独昏昏；俗人察察，我独闷闷。（澹兮其若海，飂兮若无止。）
>
> 众人皆有以，而我独顽且鄙。
>
> 我独异于人，而贵食母。

《道德经》第十九章，老子讲了“绝圣弃智”“绝仁弃义”“绝巧弃利”，当然，这三个“绝”和“弃”仅是老子为了阐述阴阳之道而列举的三个案例。如果真正想回归那个清净湛然、不生不灭的大道，远离世间的忧悲苦恼，我们就要做到“绝学”，摒弃所有的概念和定义，放下一切分别和执着，最后连“道”也放下了，连“放下”也放下了，如此就自然回归那个真如空灵的无极状态。

“唯之与阿，相去几何？美之与恶，相去若何？人之所畏，不可不畏。荒兮，其未央哉！”本章老子问我们，真诚不渝的应诺与虚伪造作的逢迎，区别到底在哪里？应该如何分辨？善与恶、好与坏的界定，究竟有谁能够公正地评判？是否衡量这个世间的标准都发自我们内心呢？

“道生一，一生二，二生三，三生万物”。伏羲一画开天地，世间衍生出种种现象、概念和定义。很多现代人执迷于纷繁复杂的现象和概念，继而忘记了那个湛然空无的本源本心。我们喜欢美，讨厌丑；喜欢善，厌恶恶；喜欢成功，拒绝失败；喜欢勇敢，厌恶恐惧……到后来，我们连“执着”本身也要执着，我们似乎再也无法控制这躁动的欲望和狂乱的心灵，无法自控地陷入喜怒哀乐的情绪中。老子说，这样的现象真不可不畏啊。我们应该警醒自己：这世间的一切皆由我们自身而起，由分别而起，由二元偏执而起，我们要尽早醒悟，尽快出离。

“众人熙熙，如享太牢，如春登台；我独泊兮，其未兆。沌沌兮，如婴儿之未孩；儽儽兮，若无所归。众人皆有余，而我独若遗，我愚人之心也哉！”老子说，世人都喜欢追求各种难得之物，热衷于五色、五音、五味的物质享受，沉醉于各类感官上的刺激。享受盛宴，欣赏美景，大家都异常愉快、惬意。而有道之士呢？好似宁静的深渊，毫无波澜，清静无为；好似刚刚出生的婴儿，内心纯洁没有任何世俗的欲望；好似一座巍峨的高山，岿然自在，丝毫不为外部环境的变化所动摇。

世人皆认为凭借一己之力可以改变世界，于是不断地索取和追求。然而，有道之士却什么都不要，他们没有任何欲望，身心不沾丝毫“实有”，空无所空，仿佛被世界遗忘了一般。真正的有道之士，就好像一块内藏宝玉的粗糙石头，外表看来毫不起眼，但内心清净湛然，通达一切。外人看他们好似愚人一般，这是因为外人以无明之眼根本无法看透他们真如的内心。

“俗人昭昭，我独昏昏；俗人察察，我独闷闷。（澹兮其若海，飂兮若无止。）众人皆有以，而我独顽且鄙。我独异于人，而贵食母”。老子说，世人沉迷于“我执”，凡事喜欢凸显自我，处处想要证明自己比别人聪明、有能力，而有道之士则恰恰相反，他们表现出一副庸俗平凡而碌碌无为的样子，生怕在人群中凸显自己。世人都善于人情世故，精于谋划算计，而有道之士却退让躲避，让利于他人，一副无所谓的样子。难道有道之士真的就是愚笨之人吗？并非如此，如果我们观察其内在，会发现他们内心清虚至极，圆融通达，胸襟似海洋一般宽广，可包容接纳一切，他们待人亲切谦和，就好像春天清爽的柔风，让人心旷神怡。世人沉醉于“有形”的世界，执着于这个“实有”的身体，非常在乎自己的形象，时刻精巧地装饰打扮自己。而有道之士表现出让世人鄙夷的样子。为什么他们会这样呢？难道他们想特立独行或标新立异吗？不是的。这是因为他们早已洞见了宇宙的真相，通达了天地万物阴阳运行的真实法则，知道世人所执持的一切都如梦似幻，不愿意再为无明的表象迷惑罢了。

【第二十一章】

> 孔德之容，惟道是从。
>
> 道之为物，惟恍惟惚。惚兮恍兮，其中有象；恍兮惚兮，其中有物。窈兮冥兮，其中有精；其精甚真，其中有信。
>
> 自今及古，其名不去，以阅众甫。吾何以知众甫之状哉？以此。

《道德经》第十四章与第二十一章都是在描述“道”的特征，但是两章阐述的角度不同。第十四章，老子介绍了大道的“空”性，“绳绳兮不可名，复归于无物”，强调的是大道视之不见、听之不闻、搏之不得的“空无”状态。第二十一章，老子则主要通过介绍大道的“显”性，来阐述这“无形”的大道，“其中有象”“其中有物”“其中有精”，可以孕化万事万物，蕴藏一切“实有”的真谛。大道本是包容、统一而无有分别的，是“阴”与“阳”的融合，具备“无”与“有”的共同属性。奈何世人深受阴阳二元偏执的影响，无法接受既“无”又“有”的状态。

前文我们借用量子力学的概念，认识了量子叠加和量子纠缠，量子自身具有“波粒二象性”的特征。在双缝实验中，如果我们不去观测，量子会呈现出无形的“波”的形态，但当我们使用仪器去观测它，它则会显示出“粒子”的形态。以道家的观点来看，这是因为大多数人被过往教育和自我观念束缚了，认为物质只能有一种属性，不可能既“生”又“死”、既“有”又“无”。在这样一种束缚下，我们自然难以做出真如圆融的判断。这就好像经济学理论中有一种假设，假设的前提是所有人都是理性的经济人，那么在这样的前提下，我们要如何才能够证明人是非理性的呢？其实想要解决这一问题也非常简单——放弃所有的假设立场，如老子所说的“绝学无忧”，认同它就可以了。

老子说，大道这个东西“惟恍惟惚”，这里的“惟恍惟惚”并非我们现在所理解的迷离而神思不定的含义。我们结合第十四章的“无状之状，无物之象，是谓‘惚恍’”去理解，老子在本章所讲的“恍惚”依然指大道没有形状，看不见、听不到、摸不着，湛然空无。然而，这个“恍惚”的大道是什么都没有的“全然皆无”吗？并非如此，老子说，“惚兮恍兮，其中有象；恍兮惚兮，其中有物。窈兮冥兮，其中有精；其精甚真，其中有信”。这“惚兮恍兮”的湛然空明的大道之中具备了产生“实有”的显性，可以演化出各种现象和事物，衍生各种概念和法则。所以老子在第六章中说，“谷神不死，是谓‘玄牝’。玄牝之门，是谓天地根”。这永恒、湛然空明的大道是孕育万事万物的母亲和根源，是精华中的精华。这精华之中蕴含着宇宙产生、构成和运行的真谛。

“自今及古，其名不去，以阅众甫。吾何以知众甫之状哉？以此。”老子说，大道的真谛一直存在着，无始无终，无增无减，无生无灭，并且是可以通过实践来证实的。为什么呢？因为人本在“道”中，本就是“道”。当前的我们只是被自我限制了，如若放下分别执着，回归本源之后自然可以了知一切。当我们真正证悟之后，众生的生命缘由、存在形态、因缘习性、万物生灭的运转法则，所有的秘密自然都会通达。老子说，要问我是如何知道这一切的，因为我就是这样做的，亲自验证过的。有道之士的精神思维和行为举止，无时无刻不与大道相应，未有一丝一毫与大道背离，已然达到“无”与“有”的圆融合一。

这一章，老子对道的特征属性进行了进一步阐述。他一而再再而三地告诉我们大道“空无”的本质，万事万物皆从大道中产生。“空无”是道的体，“妙有”是道的用，二者亦无分别。许多朋友在了解了道体的“空无”属性后，会执着于“空无”，认为一切皆“空无”，一心求空，从而忽视了“妙有”，忘记了“妙有”亦是道，这其实也是落入阴阳二元偏执的表现，并非圆融之道。

讲到这里，很多朋友会觉得老子他老人家好像一直在说车轱辘话。大道至简，其实他是在反复论证自己阐述的观点。他告诫我们，不可执“有”亦不可执“无”，切莫落入分别、执着之中。他知道我们日日夜夜饱受二元思维的禁锢，想要从这长期的禁锢之中摆脱出来，看似简单实则困难。所以，他提醒我们要将大道的真理融入自己日常的思维和行为中，时刻警醒自己，以清静、圆融、无为的视角看待和对待周遭的一切。

【第二十二章】

> 曲则全，枉则直，洼则盈，敝则新，少则得，多则惑。
>
> 是以圣人抱一为天下式。不自见，故明；不自是，故彰；不自伐，故有功；不自矜，故长。
>
> 夫唯不争，故天下莫能与之争。古之所谓“曲则全”者，岂虚言哉？诚全而归之。

《道德经》第二十二章，老子将方向又转回了人间道。很多朋友会认为老子一会儿讲形而上的道之本源，一会儿又讲形而下的人间事，似乎让人摸不着头脑。其实，老子这是告诫我们切莫把形而上和形而下区分开来。当我们认为有个形而上或者形而下时，我们就又产生分别了，重新陷入阴阳二元偏执之中了。从道的本源上看，万物实无分别，形而上就是形而下，形而下就是形而上，“空无”就是“妙有”，“妙有”就是“空无”，我们虽处在人世间，但一直在空无的大道之中，须臾都不曾离开。

《道德经》第二十二章，老子继续阐述大道阴阳合一的属性，并列举了一系列案例。“曲则全”，“曲”是“全”的对立面，要想得到“全”，我们就必须从“曲”入手。“全”离不开“曲”，如果我们想有所成就，不论是学业也好事业也罢，这个过程必定是曲折的，不会轻而易举地成功。对于轻易成功的事，我们反而要小心，因为按照阴阳转化的道理，潜在的大问题可能很快就会出现。我们时常羡慕事业成功的人，他们拥有财富，享受生活，但我们没有注意到他们是如何取得今日的成就的——白天当老板，晚上睡地板。我们看到的是他们扬眉吐气的一面，却没有看到他们低声下气的一面。他们正是前期经历了足够的曲折苦难，才能在后期铸就光辉的事业。

“枉则直”，“枉”是“直”的对立面，想要得到“直”，我们就必须从“枉”入手。“直”离不开“枉”，如果我们要想将一棵小树苗培育成参天大树，那么就必须在其生长的过程中不断地修剪，而这个过程必定是长期且痛苦的。

“洼则盈”，“洼”是“盈”的对立面，想要得到“盈”，我们就必须从“洼”着手。只有低洼之处才能汇集水流，江海正因为身处低位方能汇集水流。做人只有谦虚恭顺，自甘居于下位，让利于他人，为他人服务，方能得到他人的支持，从而有所得益。

“敝则新”，只有从衰败中才能获得新生。人体的新陈代谢、季节的更替、王朝的兴衰更迭……莫不如此。“少则得”，我们只有在少的时候投入才能得到多。以投资为例，我们在什么时候投资才能赚钱呢？那一定是在一项优质资产买家少而卖家多，价格足够低廉时购入，我们才能盈利。倘若在众人抢购时出手，那我们大概率就要成为“接盘侠”了。

“多则惑”，当我们真正拥有“多”的时候就要小心了，因为拥有的东西“多”到极致的时候，人就容易自以为是，就容易陷入迷茫和困惑，那就是运势衰退的时候了。

那圣人是如何做的呢？老子说，“是以圣人抱一为天下式”。圣人以“道”的视角看待周围发生的现象，秉持大道为一，不执着阴阳二元的表象，他们不为曲全、枉直、洼盈、敝新、多少所迷惑和影响，以空明之心顺应阴阳的变化而动，一切皆顺其自然。

“不自见，故明；不自是，故彰；不自伐，故有功；不自矜，故长”。这几句话是对人性本质的描述。世人最大的分别和执着就是这个“我”。人的本性就在于强调和突出这个“我”。这家企业是“我”创建的，这个项目是“我”牵头的，这笔订单是“我”促成的；这次“我”赚了多少，这次“我”赔了多少；这是“我”的车，这是“我”的房子；成功的是“我”，失败的也是“我”……老子告诉我们要效仿大道，“生而不有，为而不恃”，要敢于放下这个“我”，因为这个“我”是所有二元偏执之中最大的偏执，有个“我”在，人的立场就是偏缺的，就无法做出客观圆融的判断。所以，老子说不要自见、自是、自伐、自矜。自见自是让我们失去以圆融视角看待事情的机会；自伐自矜使我们放松警惕，忽视风险，也使我们成为显著的“目标”，招来他人的妒恨。

那我们应该怎么办呢？老子说，“夫唯不争，故天下莫能与之争”。我们要秉持“抱一”的中道，放下自我立场，着眼当下，一切顺其自然，专注做好自己分内的事情即可，不必刻意竞争，不必刻意做作。竞争，就意味着有个“我”在和“别人”争。不争，就不会陷入二元偏执，我们就能更加冷静地做出抉择，以不变应万变。这也同于第十三章“吾所以有大患者，为吾有身；及吾无身，吾有何患？”的潜在含义，不争就是最大的争。

“古之所谓‘曲则全’者，岂虚言哉？诚全而归之”。老子说，那些因为“曲”而得到“全”、“枉”而得到“直”、“洼”而得到“盈”的事例，难道都是妄语虚言吗？非也。大道阴阳合一的属性是真实不虚，我们应该摒弃自我的视角，保持真诚无私的本心，以“全”和“一”的包容之心来顺应阴阳大势，来对待万法万象。如此方能成己为人，成人达己，进而回归清静无为的大道本源。

【第二十三章】

> 希言自然。故飘风不终朝，骤雨不终日。孰为此者？天地。天地尚不能久，而况人乎？
>
> 故从事于道者，同于道；德者，同于德；失者，同于失。同于道者，道亦乐得之；同于德者，德亦乐得之；同于失者，失亦乐得之。
>
> （信不足焉，有不信焉。）

《道德经》分为《道经》和《德经》两个部分。但是这两个部分并非孤立的存在，《道经》中有许多章节在讲“德用”，《德经》中亦有诸多章节在讲“道体”。正如太极图所示，阴中有阳，阳中有阴，阴阳本自一体，不可分开。

《道德经》的第二十三章是“道”与“德”相互结合的一章。“希言自然”，这个“自然”是我们平时所讲的“顺其自然”“道法自然”中的“自然”，同于“大道”之意。老子说，“道”和“自然”，微妙玄通，圆融通达，是没有办法用语言来定义的，只能“强为之容”。为了让世人能够清楚地理解，老子通常采用借有说无、打比方的形式以例佐证。此处，老子就举了一个例子，“飘风不终朝，骤雨不终日”，他说暴风和骤雨持续的时间不会特别长，不会日夜相继、永无休止。这是“易”的道理，是“周期”的表现。“孰为此者？天地。天地尚不能久，而况人乎”，我们为什么可以有这样的判断？是什么造就了这些暴风骤雨的现象呢？答案是“天地”。我们晓得，《周易》中用“乾”象征“天”，用“坤”象征“地”，“乾”属性为阳，“坤”属性为阴，阴阳彼此交互作用，形成了天地间的万事万物。

万事万物皆由阴阳构成，阴与阳相互转化继而形成各种各样的周期。如此看来，虽然天和地的寿命很长，但是天地亦有自己的阴阳，也不能够永恒存在，更何况我们人呢？人终究有死亡的一天。这里老子在向我们“敲黑板”，告诉我们要警惕，要重新认识我们所处的世界，认知我们人生的意义。我们时刻处在无常的生灭法中，应该尽早觉醒，切莫执迷不悟。老子劝诫我们不要“入戏太深”，把“游戏”里的角色误认成“真实的自己”，沉浸其中而无法自拔。如果等到“游戏”结束那一刻我们才幡然醒悟恐怕为时已晚。

下面老子继续讲，“从事于道者，同于道；德者，同于德；失者，同于失。同于道者，道亦乐得之；同于德者，德亦乐得之；同于失者，失亦乐得之。(信不足焉，有不信焉)”。这几句话的核心在于突出这个“信”字。我们应该相信老子的《道德经》所说，如果我们相信大道本源的存在，以大道作为我们人生思考和行事的目标，勤勉精进，清静无为，那么我们终将与大道融合为一，“道亦乐得之”。如果我们相信德，起心动念、行为举止以德为指引，慈敬爱人，为他人无私奉献和服务，那我们也将得到他人的拥护和支持，最终成为贤德的圣人，“德亦乐得之”。如果我们执着于“眼见为实”，局限于自己的感官，以自我为主，将一生的精力用于追求名利，那么我们就陷入了无常的生灭法，一切的结果将同于“失”。所有的“果”都是我们自身的“因”造成的。

老子说，“信不足焉，有不信焉”。无论圣人如何苦口婆心地劝说，这个世界上总是有相信的人，也总是有将信将疑的人，也总是有难以置信的人。

对此，我们没有任何办法，因为世间的阴阳法则就是如此：有阴必有阳，有阳必有阴，阴阳相生且相成。

【第二十四章】

> 企者不立，跨者不行。自见者，不明；自是者，不彰；自伐者，无功；自矜者，不长。
>
> 其在道也，曰："余食赘形，物或恶之。"故有道者不处。

《道德经》第二十四章，老子列举了两个案例，"企者不立，跨者不行"。他说，当我们踮着脚尖站立时，一瞬间好像长高了，但是这个高度是假的。踮着脚尖站不了许久，我们终究要回归自然的站立方式。跨着大步走路，短时间内好像走得快了，但是走不了多远体力就会耗尽，我们终究还是要选择自然的走路方式。这里的"企"和"跨"就是"有为"的表现，"自然"就是"无为"的表现。

老子倡导"无为而治"，这种"无为"是自然地顺应清静大道的"为"，而非基于分别心和企图心立场的"为"。世人引以为傲的"有所作为"的实质不过是基于大道本体的变化和应用而已，自古及今没有哪个事物是人类凭空创造出来的，所有的"有为"终究还是要回归自然的"无为"。

比如说，如今很多中小学生非常辛苦，他们每天要保持高强度的学习，需要"卷"成绩单来证明自己，学校需要"卷"升学率来证明自己。但是，这种"卷"是我们实施教育的根本目的吗？非也，我们的教育初心只是让学生学习文化、提升修养、培养良好习惯，成为对社会有价值的人而已。难道这种"卷"能够缔造出美好的未来吗？古语有言，朝华之草，夕而零落。我们学习过揠苗助长的寓言，这样"卷"的结局是可想而知的。

现在，有一部分学生因为学习压力过大，开始产生严重的身体疾病和心理问题；有些学生因为十年寒窗约束得太紧，升入大学后，在本该奋发努力的阶段却选择了放飞自我；有些学生因为曾经学得太苦，患上了“厌学症”，在步入社会后停止了自我学习和提升的脚步。虽然说这些现象都是阴阳生克转化的鲜活案例，但是这种案例却是我们不愿看到的阴阳颠倒的反面教材。

教育问题如此，婚育问题也是一样。很多人在想：我已经这么“卷”了，何苦还要生育子女让他们更“卷”呢？社会已经这么“卷”了，何苦再让孩子来到这个世界上被“卷”呢？所有的问题都不是孤立存在的，而是彼此相关、密切联系的。所有问题的关键和根源其实还是出在观念和认知上。现在很多人曲解了人生的意义，认为人生的意义就是名利，大家都想超越他人，证明自己；都想碾压他人，展现自己；都想获取更多，满足自己。这种“私”和“有为”的观念不改变，“卷”的状态可能就会一直存续下去。

回到正文，“自见者，不明；自是者，不彰；自伐者，无功；自矜者，不长”。此处，老子再次提起了自见、自是、自伐、自矜。他说，如果我们过于相信“我”的主见是对的，那么另一面的观点我们就听不进去了，这种“见”就是“不明”的偏见。如果我们过于相信“我”的做法是正确的，那么我们就丧失了采用其他更有效方法的可能性，以此做出的决断可能是偏颇的。如果我们认为所有功劳都是“我”的，那么我们就会被团队遗弃，今后的“我”就难以再次建功立业了。如果我们自认为“我”最了不起，他人都不如“我”，那么我们就会失去他人的支持和配合，自此再也无法在这个社会中安身立命了。毕竟我们生存于一个分工协作的社会，没有人能够独自完成所有工作。

所以，“我”与“众人”亦是阴阳两面。我们今天的美好生活仰仗的是众人的协作和集体的贡献。我们要时刻警醒自己，当这四个“自”出现的时候，就是我们的“心量”装满的时候，也是我们的成就达到天花板的时候，往后就要走向衰退了。我们身边有一部分人一时获取了金钱和地位，就开始以财富和权力作为衡量一切的标杆，自认高人一等，目中无人，看不起普通人，瞧不上底层职业，可谓把四个“自”表现得淋漓尽致，实在让人哭笑不得。要知道，如果没有普通人和底层职业，整个社会体系都将失序，又有谁来保证他们的幸福生活呢？这是不懂得阴阳生克转化的原理啊。

“‘余食赘形，物或恶之。’故有道者不处”。这一章的最后一句，老子说，当我们执着于“我”，就会想办法来满足“我”的需求，进而滋生出种种欲望。但是，欲望也要顺应自然，保持阴阳平衡。从世间法的角度看，合理的需求是必要的，但是要适可而止，人不能被欲望所左右。比如我们现在的物质生活充裕，有机会品尝到各种美食，但是脂肪肝、高血脂、高血压、糖尿病等“富贵病”也越来越普遍，越来越年轻化，我们创造的这些“有为法”最终伤害的还是自己。老子说，连动物都知道吃饱了就不能再吃，何况人呢？我们应该学会控制自己的欲望，懂得知足知止。真正的有道之士是不会让自己陷于纵欲的境地的。

【第二十五章】

> 有物混成，先天地生。寂兮寥兮，独立而不改，周行而不殆，可以为天地母。吾不知其名，强字之曰“道”，强为之名曰“大”。大曰“逝”，逝曰“远”，远曰“反”。
>
> 故道大，天大，地大，人亦大。域中有四大，而人居其一焉。
>
> 人法地，地法天，天法道，道法自然。

在《道德经》的第二十五章，老子结合前面二十四章的内容进行了一次总结。他把道的概念来源、属性、人与大道的关系以及世人应该如何遵行大道进行了系统而全面的阐述。

自古以来，人类一直在探索宇宙起源的奥秘——天地是如何形成的？人类是怎样诞生的？是什么力量把宇宙间的一切设计得如此精妙？世人看到生命是从“有形”中来，那么这个最初始的“有形”又从何而来呢？这些问题老子在《道德经》中都给出了答案。“有形”从“空无”中来，宇宙万有皆从“空无”中来。这种“空无”并非一无所有，而是一种看不见、闻不着、摸不到的“有”，是“有”和“无”的结合，老子将其命名为“道”。

“无，名天地之始；有，名万物之母。故常无，欲以观其妙；常有，欲以观其徼。此两者，同出而异名，同谓之玄。玄之又玄，众妙之门”。老子说，我们可以从这个永恒、空无的状态中，观察体验真正的奥秘，我们要从世间万物的“有”的状态中，观察大道的运行规律，发现“道”之真如本义。

“有物混成，先天地生。寂兮寥兮，独立而不改，周行而不殆，可以为天地母。吾不知其名，强字之曰‘道’，强为之名曰‘大’。大曰‘逝’，逝曰‘远’，远曰‘反’”。老子说，有这样一个“东西”，它在天地万物诞生之前就已经存在了，从它的体性上看，这个东西是无形无相的，是“有”和“无”的混合体，蕴藏“阴”与“阳”的共同属性。这个东西，“寂兮寥兮”，我们看不见、听不到、摸不着，它湛然清净、空寂纯真、无边无际，它不生不灭、不垢不净、不增不减，它是宛然独立而不受任何影响的永恒存在。从它的“用”处上看，这个东西能生万法，生育天地，运行日月，长养万物，世间万物皆在其中交替更迭，轮回不止。老子说，我不知道它的名字，也无法为它命名，因为一旦命名，就会陷入阴阳二元偏执，“道可道”就“非常道”了。但是为了方便世人认清这世间万物的真相本源，只好强行将其命名为“道”。我们如何来形容这个“道”呢？勉强用一个字形容就是“大”。这个“大”的含义非常广泛，可以是空间上的无量无边，可以是时间上的无始无终，也可以是功能上的无穷无尽。这个大道可以分化出万事万物，衍化出纷繁复杂的种种现象。而这一切又都在阴阳的生克转化法则中不停转化，周而复始。

“故道大，天大，地大，人亦大。域中有四大，而人居其一焉”。老子说，“道生一，一生二，二生三，三生万物”，道生阴阳，阴阳生万物，但是万物和阴阳本自是从“大道”中来，本自就在“大道”中，本自就是“大道”。所以就本体而言，“道”是“大”的，阴阳是“道”，也是“大”的；天与地同样是“道”也是“大”的；“人”也是“道”，也是“大”的，世间万法、万象、万物本自都具有道的属性。正如《庄子·齐物论》中关于梦蝶的寓言：“昔者庄周梦为胡蝶，栩栩然胡蝶也。自喻适志与，不知周也。俄然觉，则蘧蘧然周也。不知周之梦为胡蝶与？胡蝶之梦为周与？周与胡蝶则必有分矣。此之谓物化”。到底是庄周梦见了蝴蝶？还是蝴蝶梦见了庄周？其实从道的角度看，庄周是道，蝴蝶是道，梦亦是道，庄周同于蝴蝶，同于梦境，同于道，世间万法万物都是道。所以，人作为道、天、地中的一部分，自然要效法天地，遵道而行了。

“人法地，地法天，天法道，道法自然”。这里涉及一条万物回归大道的路径。人从何而来？人自天地和合而来；地从何而来？地自天来；天又从何而来？天自大道中来。所以，人效法大地，“地势坤，君子以厚德载物”；大地则效法天，“天行健，君子以自强不息”；天则效法大道，“生而不有，为而不恃”“利万物而不争”；大道又效法谁呢？大道唯一，清静无为，没有矫揉造作，一切顺其自然。所以，世人要回归大道，亦要清静无为，顺其自然。我们要摒弃分别执念，自然放下，挫其锐，解其纷，和其光，同其尘，如此即能万法归一。

【第二十六章】

> 重为轻根，静为躁君。是以君子终日行不离辎重。
> 虽有荣观，燕处超然。奈何万乘之主而以身轻天下？
> 轻则失根，躁则失君。

《道德经》的《道经》告诉我们宇宙世间的真理实相，引导我们回归本源大道；《德经》教导我们顺应阴阳法则，以圆融通达的态度来为人处世。“道”离不开“德”，“德”离不开“道”，“道”与“德”自然构成了一对“阴阳”，两者相生相成，本自圆融为一。

第二十五章，老子阐述了“道体”能生万法的显性，“独立而不改，周行而不殆，可以为天地母”。第二十六章，老子则阐释“德用”之阴阳生克转化的法则，通过例证告诉我们应该如何“人法地，地法天，天法道，道法自然”。

“重为轻根，静为躁君”。老子说，重和轻构成了一对阴阳，它们是阴阳的两面；躁和静构成了一对阴阳，也是阴阳的两面。只要分别心不灭，阴阳就不会消灭，阴阳的生克转化就不会停止。有阴即有阳，有阳即有阴。阴是阳的根基，阳也是阴的根基。重是轻的基础，轻也是重的基础；静是躁的前提，躁也是静的前提。没有重就没有所谓轻，没有静就没有所谓躁。

“是以君子终日行不离辎重。虽有荣观，燕处超然”。老子说，这就好比君子为了天下众生而终日奔波劳碌，纵使如此辛苦，也要将钱粮辎重背在身上，时刻不离。因为钱粮辎重是君子得以终日前行的前提，没有钱粮辎重君子就无法前行。既然钱粮辎重如此重要，君子会不会将全部精力放在获取钱粮辎重上呢？不会。君子依旧将天下的责任扛在自己的肩上负重前行，但是他的心却是清静无为、超然湛澈的。这是阴阳兼具、阴阳平衡、阴阳合一的表现。同理，我们身处在这个纷繁复杂、充满诱惑的世界，同样也不能被外部环境所迷惑，不可以迷失了人生的方向。我们应该以中道圆融的视角看待万法万物，如此方能燕处超然，以独立而无为的姿态来处事。

“奈何万乘之主而以身轻天下？轻则失根，躁则失君”。老子说，一个国家的君王是否更应该如此呢？为什么有的君王会为了一己私利而轻视百姓，置天下的利益于不顾呢？失去了重，就没有所谓轻了；失去了静，躁也就不存在了。要知道君王失去了百姓的支撑，就失去了国家治理的根基，他也就不是君王了啊！

这一句话可谓给天下所有的管理者上了一堂管理课。老子告诉我们，管理看似管理者在引领方向、治理团队、协调资源，指挥千军万马，管理者看似金字塔尖的存在，但实际上，管理者是团队所有人员的服务者，是金字塔最底层的存在，要为整个金字塔提供支持和服务。以一家企业为例，企业的管理者需要牺牲自己的利益，合理配置资源，为客户、股东、上下游的产业链、团队的员工服务，对所有的事务和问题承担责任。只有这些全部都做好了，自己的事业才能随之有所成就。然而，现实中真正合格的管理者极其稀少。因为绝大部分的管理者都难逃人性，他们大多是“以身轻天下”的人，凡事优先考虑的还是自己，甚至损害他人的利益也在所不惜。

这些管理者不懂得大道的原理，不知道这样的做法最终伤害的是自己。所以一家企业能否成功，关键在于管理者的品格和认知。管理者的道德品行是一家企业能够持续走下去的根本保证，这也是投资人总是格外看重被投资企业的创始人道德品行的原因。

【第二十七章】

> 善行，无辙迹；善言，无瑕谪；善数，不用筹策；善闭，无关楗而不可开；善结，无绳约而不可解。
>
> 是以圣人常善救人，故无弃人；常善救物，故无弃物。是谓“袭明”。
>
> 故善人者不善人之师，不善人者善人之资。不贵其师，不爱其资，虽智大迷，是谓“要妙”。

《道德经》第二十六章讲“君子终日行不离辎重。虽有荣观，燕处超然”。

老子告诉我们在思维和行事上要注重对阴阳的把控，阴阳要平衡、融合，不可以脱离阴而谈阳，也不可以脱离阳而谈阴。第二十七章，老子承接上文，继续阐述我们在世间行事应该如何发挥道体“空无”“无分别”属性的作用。

这一章的初始，老子就用了五个“善”和“无”来打比方。“善行，无辙迹；善言，无瑕谪；善数，不用筹策；善闭，无关楗而不可开；善结，无绳约而不可解。”此处的“善”并非指善良，而是指真正的合乎大道的行为。人之初，性本善，我们原始、淳朴、清静的“道心”才是真正的“善”。

老子说，大道本自湛然空无，真正合乎于“道”的行为是无为而为，是清静且不会留下任何“有形”的痕迹的。就好像我们无意中帮助了他人，在这个过程中，既没有“我要帮助他”的想法，也没有“他要感谢我”的念头，更不会认为做了善事而有丝毫功德，帮助了就是帮助了，所有的事情都自然而然，和没发生过一样。我们行善，持无为之心，无所住而施行，只本着一颗湛然的心去做就是了。如果我们做好事，还期待得到回报，获得表扬，那其实并不是真正的行善，是在搞投资、做买卖。真正的善是不着于相的，是超越善与恶之阴阳分别的。

同理，真正合乎道的沟通是圆融的，人们与合乎道的人交谈，言语上会觉得流畅，情感上会觉得舒适，关系上会觉得自然，彼此没有丝毫扭捏，也不会留下任何沟通上的瑕疵。真正善于计算的人，不需要借助任何“有形”的工具，仿佛计量的结果自然而然就出来了，是不算而算。真正关闭的门户是不存在有形的门闩的，有门闩即表示还有个开关门闩的人在，表明门户之内仍有人驻守。真正的“死结”并不是有形的结，而是无形的结。有形的结因为有迹可循，稍加气力就可以解开；无相无形无迹可寻的结无法解开，因为我们根本无处着手。这也好比销售工作，了解销售工作的朋友都知道，真正难以摆平的不是冷嘲热讽、拒绝我们的客户，而是沉默无言、不给予我们任何反馈的客户，这或许就叫作善拒者不答。

“是以圣人常善救人，故无弃人；常善救物，故无弃物。是谓‘袭明’”。老子说，圣人的心是清静无为、没有分别的，他们做到了阴阳兼容合一。所以，圣人做善事不会因为这个人是好人就施以援手，这个人是坏人就弃之不顾。所谓“为善无近名，为恶无近刑”，一切皆是自然。在圣人眼里没有好坏之分，一切都只是做了该做的事，这就是“无为”。圣人待人如此，对待其他生灵也如此，因为众生本自平等，皆从大道中来，所以圣人也不会将人和物加以区分，而是会一视同仁地对待他们。老子说，这就是遵循永恒光明的大道的表现。

“故善人者不善人之师，不善人者善人之资。不贵其师，不爱其资，虽智大迷，是谓‘要妙’”。老子说，善人是不善之人的老师，不善之人其实也是善人的老师，对于好事可以学习经验，对于不好的事可以总结教训。圣人没有分别心，根本不会在意“善”或者“不善”。因为就大道本体而言，本无“善”与“不善”之分，“善”与“不善”都是世人自行分别出来的概念。然而，在世人眼里，圣人的这种做法好似不明是非、不分青红皂白，是愚钝糊涂的表现，殊不知这才是圣人真正的微妙玄通所在，因为他们的做法才是真正的“清静”、真正的“善”。

这一章，老子再次升华了“善”的概念。他告诫我们，唯有放下分别，放下对“有”的执着，阴阳兼容合一，才能真正回归本“善”。

【第二十八章】

知其雄，守其雌，为天下谿。为天下谿，常德不离，复归于婴儿。

知其白，（守其黑，为天下式。为天下式，常德不忒，复归于无极。知其荣，）守其辱，为天下谷。为天下谷，常德乃足，复归于朴。

朴散则为器，圣人用之，则为官长，故大制不割。

大道具有“空无”的属性，无形亦无相，无情亦无名，它湛然清净，不生不灭，无始无终，不增不减，独立而不改。大道又具备“实有”的属性，具有能生万法的功能作用，万法万象周行而不殆。世间万物的本体是“道”，但同时也遵循着“德”的法则，即阴阳生克转化的原理。

《道德经》的第二十六章讲“阴阳”的“德用”，第二十七章讲“空无”的“道体”。第二十八章，老子将“阴阳”与“空无”相结合，阐述“道”与“德”的结合。这是因为“道”“德”本自一体，密不可分，只有以大道为基，方能寸步不离大德。

“知其雄，守其雌，为天下谿。为天下谿，常德不离，复归于婴儿。”“雄”这个字在我们的脑海中大多具有正面意义，如雄心壮志、雄姿英发。世人都希望能够成为英雄豪杰，有一番惊天动地的作为，但是依据阴阳生克转化的原理，我们在实际行动中，却要从其对立面“雌”入手，以谦恭的立场、柔顺的态度，从最小的事情做起。就如大海一般，放低姿态，自甘处于低位，所以能够容纳百川。

这是阴阳生克转化的法则。但是世人仅仅明白这套法则还不够，因为我们很容易认为这就是“道”而陷入其中。有些人掌握了这套法则，就将其应用于权谋算计，用于图谋私利、伤害他人。这也是道家思想时常被世人认为是阴险的权谋之术的原因。老子说，如果阴阳转化的原理被我们用于权术算计，那就完全走错路了，这样必然自受其祸殃。因为这种做法实际上创造出了新的阴阳，有人利用“阴阳”损害了他人，也必将因为“阴阳”而付出更惨痛的代价。因为“阴阳”本身也要遵循“阴阳”之道，阴阳的本质是“道”，我们不可以脱离大道本体而妄用阴阳。

故而老子说，常德不离，“阴阳”的顺时利用应该时刻不离“道体”的“清静空无”。我们的思维应该一直保持中道圆融，处处清静无为，这样的作为才是符合大道的，才能复归于“婴儿”状态。此处的“婴儿”代指“大道”，因为婴儿纯洁无瑕，毫无分别之心。

“知其白，守其黑，为天下式。为天下式，常德不忒，复归于无极”。老子说，想要得到“白”，就从“黑”入手。我们想迎接清晨的第一缕朝阳，就必须在黑夜中坚守。这种坚守和等待有时需要我们付出极痛苦的忍耐，如果我们不能坚守中道，就非常容易受到阴阳二元偏执的干扰，继而陷入“黑暗”。唯有坚持“道德”毫不懈怠，最终才能回归那“清静空明”的无极大道。

“知其荣，守其辱，为天下谷。为天下谷，常德乃足，复归于朴”。老子说，如果想要得到至高无上的荣誉，就必定先要经历艰难险阻的磨炼，忍受常人无法忍受的苦难。天下的谷，以滋养天下人为重，为天下人无私奉献，这种奉献必须基于“道德”，容不得一丝自私自利的观念，如此才符合真正厚朴的大道。这也是“圣人后其身而身先，外其身而身存。以其无私，故能成其私”的切实体现。

“朴散则为器，圣人用之，则为官长，故大制不割”。老子说，当社会发展到与厚朴的大道渐行渐远的时候，人们将会越来越重视所谓“器”。这里的“器”代指有形的物质。老子说，那个时候，人们着相严重，重视自我的“身”，追求五色、五音、五味的感官享受，贪图物质满足，每日都在为名利而苦恼不已。那个时候，追求无形的道德真理的人越来越少。当那样的时代来临时，圣人将会再次入世，成为“官长”，作为天下的引领者，以“道”和“德”教化世人，以确保大道的精神得以传承。这是因为“朴”和“器”也是一对阴阳，阳中有阴，阴中有阳，阳极生阴，阴极生阳。

在本章的结尾，老子说，“故大制不割”。“知其雄，守其雌……知其白，守其黑……知其荣，守其辱”，这些内容看似在讲“阴阳”的“德用”，但实际上强调的还是中道空无的“道体”。“道体”与“德用”的合一才是真正的“大制不割”。他告诫我们切勿离开道体而妄用阴阳。如果这样，我们就会陷入滥用和玩弄阴阳的数术之中，将人生的精力聚焦于谋取世间私利，从而与大道渐行渐远。

【第二十九章】

> 将欲取天下而为之，吾见其不得已。天下神器，不可为也，不可执也。为者败之，执者失之……
>
> 夫物，或行或随，或歔或吹，或强或羸，或载或隳。是以圣人去甚，去奢，去泰。

第二十八章，老子告诉我们切勿离开道体而妄用阴阳，从正面告诉我们在人生旅途中应当如何遵行大道，顺应阴阳的生克转化，无为而治。第二十九章，老子则用反证法劝诫世人，切勿执着于私欲，切莫执着于有生有灭的有为法。

“将欲取天下而为之，吾见其不得已”。这一句“将欲取天下而为之”，老子可谓将世人的“本性”和“行为”阐述得透彻至极。本句中的“欲”和“为”是最核心的两个字。此处的“欲”指的是个人私欲，用于满足自身需求的念头都叫作“欲”。此处的“为”指的是世人为了满足个人之欲而刻意实施的“有所作为”。此处的“天下”，我们可以理解为“普天之下”，也可以理解为“大道”。如果解释为“普天之下”，指的就是世间法，范围涵盖天下所有的土地、山川、河流、人、动植物等资源和生命，亦可以粗浅理解为“皇权”“江山”“事业”等。如果理解为“大道”，指的就是出世间法，讲的是修行证道。老子说，无论是取得“江山”还是“修行证道”，都不可以从“私欲”和“有为”端入手。

在第二十五章，老子讲，“道大，天大，地大，人亦大。域中有四大，而人居其一焉”。人仅仅占大域中的四分之一，却企图将整个天下据为己有，可见世人是有私欲的，是贪婪的，而且这个贪欲可以大到无止境，乃至认为可以将整个天下据为己有。有的人会说，我们真会如此贪婪吗？扪心自问，如果可能的话，世间哪个人不希望主宰天下，不希望成为受人仰望且拥有绝对权势的人呢？老子说“吾见其不得已”，无论是取得“江山”还是“修行证道”，如果我们内心有私欲存在，认为可以通过自己的聪明才智而“有所作为”，那是不可能成功的。

“天下神器，不可为也，不可执也。为者败之，执者失之”。老子说“天下”不是普通的物件，不是我们发挥自己的些许能动性就可以获得的，“天下”是神器一般的存在。人们如果希望通过计谋、策略谋取天下，是不可能成功的，并且我们越执着，越得不到；越紧抓着不放，反而失去得越快。

为什么会这样呢？其一，从“理”上分析，当一个人有“欲望”时，即是有个“我”在，因为“我”的欲望是想将万物为“我”所有，“我”想成道，这就已经落入了阴阳二元偏执，已经偏离了清静无为的中道立场。心中存有欲念，是无法做到真正“清静空无”的。其二，“反者，道之动”，参考第二十八章“知其雄，守其雌……知其白，守其黑……知其荣，守其辱”，这种执着于“私欲”的“有为”，最终会使结果走向其对立面，即“无私”，大概率的结果是为他人做了嫁衣裳。所以老子说，“为者败之，执者失之”，为了私欲而取天下，注定会失败，注定什么都得不到，并且越执着，可能失去的越多。纵使有人前期遵道而行，以无为取得了“天下”，后期却被私欲所惑而任性“私为”，那么“天下”也会离他而去，这是阴阳转化的原理，亘古不变。

“夫物，或行或随，或歔或吹，或强或羸，或载或隳。是以圣人去甚，去奢，去泰”。老子说，阴阳总是相生相克互相转化。此时我们可能走在队伍的前面引领，彼时我们就要落在队伍的后面跟随；这一刻我们吸入空气，下一刻我们就要呼出空气；此时我们因繁荣强盛而耀武扬威，彼时我们就会因衰退败落而沮丧哀叹；事物有耀眼的时候，就会有黯淡的时候……阴和阳无时无刻不在转化。如果我们真正要取得天下，那就应该效仿圣人，保持中道，内心没有丝毫“私”和“公”的观念，也没有“有为”和“无为”的概念，更没有贪图安逸、享受奢华的想法，一切行止皆以众生为中心，无为而为，其结果自然会水到渠成。

【第三十章】

> 以道佐人主者，不以兵强天下。其事好还。师之所处，荆棘生焉。大军之后，必有凶年。
>
> 善有果而已，不敢以取强。果而勿矜，果而勿伐，果而勿骄，果而不得已，果而勿强。
>
> 物壮则老，是谓不道。不道早已。

《道德经》第二十九章，老子说：“天下神器，不可为也，不可执也。为者败之，执者失之”。依靠个人的“私欲”和“有为”是不可能取得天下的，反之，只要遵道而行，无私无为，将整个身心奉献给天下，天下自然归服于他。《道德经》第三十章的内容衔接第二十九章的思路，继续讲“私欲”和“有为”，这一章介绍的是世人最容易联想到的获取天下的方式——军事霸权。

“以道佐人主者，不以兵强天下”。老子说，以大道来辅佐君王的人，不会主张通过军事霸权来满足强取天下的私欲。此处“以道佐人主者”是说真正的有道之士常常通过辅佐君王推行道德教化。历史上当社会发展到了时局混乱不明、百姓饱受苦难之时，就会有有道之士入世，辅佐君王安定局势。当天下太平之后，他们又会恪守天道，功成身退。历史上有名的范蠡、张良等都是典型代表。

在这一章中，很多朋友看到“不以兵强天下”，会疑问老子是不是反对军事啊。如若真是这样，老子自己就陷入了“反对军事”和“支持军事”的阴阳二元偏执之中了。道家主张中道，对于“军事”既不鼓励也不反对，一切道法自然，需要用到军事时就用，不需要时就不用。国防的本质只是保障国家稳定和百姓安全而已。

“其事好还。师之所处，荆棘生焉。大军之后，必有凶年”。老子说，通过军事霸权、穷兵黩武来满足自己掠取天下的私欲，将来必定得到相应的果报。今日有人通过军事霸权侵略他国，伤害他国的百姓，掠夺资源财富，暂时好像取得了些许“战果”。但是，“反者，道之动”，终有一日这个果报会回到自己的国家。这一点，第二次世界大战期间主动发起侵略战争的法西斯国家就是最好的例子。更何况，战争所到之处，生灵涂炭，尸骨遍野，参战方都是有死伤的。在战争结束之后，又会紧接着发生瘟疫、饥荒等灾害，致使百姓苦上加苦。真正懂得阴阳之道的人是不会轻易发动战争的。

此处,《周易》中的师卦也可以很好地阐释这句话。师卦，言乎养兵、用兵之道，兵者，国之凶器也。《周易》说，用兵是国之凶器，必须谨慎，乃圣人不得已而为之。《孙子兵法》也说，“是故百战百胜，非善之善者也；不战而屈人之兵，善之善者也”。军事战争能避免尽量避免，因为最终受害的是无辜的平民百姓。

“善有果而已，不敢以取强。果而勿矜，果而勿伐，果而勿骄，果而不得已，果而勿强”。一个国家发展自己的军事力量，主要目的在于维护国家安全，保护百姓的利益，自己军事力量强大了可以免受他国的觊觎和侵略。作为君王真正追求的应该是国与国之间和平共处，社会和谐太平，百姓安居乐业，而不是为了成就自己的“欲望”穷兵黩武发动军事战争，掠夺别国的资源。假如我们因为某种原因不可避免地卷入了战争，即便取得了胜利，我们也不可以骄傲自恃，炫耀自夸。我们要知道战争是不得已而为之的，无数百姓因此失去亲人，流离失所。我们更不可以因为战争胜利了，就反过来运用军事强权去侵略他国，或者利用胜利的优势强取他国的资源。

“物壮则老，是谓不道。不道早已”。老子说，我们要知道物壮则老、盛极必衰的道理。大道独立不改，周行不殆，阴阳生克转化，因果报应不爽，不会因任何人、任何事而有所偏差。今日，我们恃强凌弱，强取豪夺，他日，我们也必然遭受同样的果报。

【第三十一章】

> 夫兵者，不祥之器，物或恶之，故有道者不处。
>
> 君子居则贵左，用兵则贵右。兵者不祥之器，非君子之器，不得已而用之，恬淡为上。胜而不美，而美之者，是乐杀人。夫乐杀人者，则不可得志于天下矣。
>
> 吉事尚左，凶事尚右。偏将军居左，上将军居右，言以丧礼处之。杀人之众，以悲哀泣之；战胜，以丧礼处之。

老子生活的时期是春秋末年，那个时代周礼已经崩坏，各诸侯国都在图谋霸权，彼此征战不息，百姓流离失所，苦不堪言。老子虽然深谙大道，知晓物壮则老，周朝气数已尽，知晓天下分久必合、合久必分，这是规律，也是定数。然而，当看到各诸侯国为霸权私欲连年征战，造成生灵涂炭，老子仍然痛心不已。所以，老子告诉诸侯君王，将欲取天下而为之，吾见其不得已。天下不是依靠私欲和军事霸权得到的，即使得到了，很快也会失去。秦统一六国后迅速灭亡，就是最好的例证。

“夫兵者，不祥之器，物或恶之，故有道者不处”。“兵”就是武器，是可以消灭敌人的凶器。老子说，这“兵”是不吉祥的，因为它们是以掠夺众生的生命而成其名的。它们沾满了鲜血，这种东西连动物都会本能地憎恶和讨厌，有道之士更是避而远之。

“君子居则贵左，用兵则贵右。兵者不祥之器，非君子之器，不得已而用之”。上古时期的君王倡导以正治国的王道，反对兵戈杀戮的霸权。君王以“左”为尊，君子们居于左侧，以示“正善”；用兵者则居于右侧，以示对“军事”的审慎。这是“师之所处，荆棘生焉。大军之后，必有凶年”的缘故。

“恬淡为上。胜而不美，而美之者，是乐杀人。夫乐杀人者，则不可得志于天下矣”。老子说，圣人君子倡导清静无为，不会主张以战争杀戮谋私，更不会因为打了胜仗而欢欣雀跃。凡是因此而高兴的人，都是嗜好杀戮的人，是没有慈爱之心的人。嗜杀成性的人因为伤害太多性命，自身积累了太多的仇恨，是不可能获得天下人真心拥护的。

“吉事尚左，凶事尚右。偏将军居左，上将军居右，言以丧礼处之。杀人之众，以悲哀泣之；战胜，以丧礼处之”。古时以左为尊，吉事尚左，凶事尚右。这一点在堪舆学上就可以看出，堪舆学上有“左青龙右白虎”，左高右低的说法。为什么呢？当我们坐北朝南，左手侧为东方，右手侧为西方，太阳东升西落，东方象征着“升起”，西方则代表着“衰落”，这是阴阳变化的规律。老子说，战争时期，让偏将军位于左侧，让统领全军的上将军位于右侧，就是阐明军事战争是凶事，应该把它当作丧礼一样看待。一场战争过后，双方死伤无数，死伤背后又牵连无数的家庭，实在令人悲伤。所以，即使我们赢得了战争又有什么值得高兴的呢？这种胜利是用丧礼换来的啊。战争的最终目的应该是终止战争。

纵观历史，春秋战国、三国魏晋南北朝、五代十国、晚清军阀割据都是大一统之后大分裂的时代，大分裂之后又迎来大一统，而大一统通常在武力和军事战争后实现。因此，每次大分裂的时代都会造就思想文化更新迭代，更新迭代后的思想又在统一之后促进了止戈利民、休养生息政策的施行，迎来和平发展的时期。这些都是阴阳相互转化的规律。我们如今学习了道家的思想，依此再来观察当前的世界格局，谁在穷兵黩武，谁在以正治国，也就不难分辨了；未来世界会走向何方，我们亦就不难判断了。

【第三十二章】

> 道常无名，朴。虽小，天下莫能臣。侯王若能守之，万物将自宾。
>
> 天地相合，以降甘露，民莫之令而自均。
>
> 始制有名，名亦既有，夫亦将知止，知止可以不殆。譬道之在天下，犹川谷之于江海。

《道德经》第三十章和第三十一章，老子阐述了不可以欲取天下，不可以兵强天下的观点。那么君王们应该如何治国？如何取天下呢？本章，老子进行了详细说明——君王应该以道治国，以正治国。

“道常无名，朴。虽小，天下莫能臣。侯王若能守之，万物将自宾”。老子说，大道是清净湛然而空无的永恒存在，它是无名、无相、无形的，一旦有了名和相，就陷入了阴阳二元偏执，就不是真正清静无为的大道了。老子为了便于世人理解，只好勉强命名一个概念，称之为“道”。其实，这个“道”的概念也不过是一个代号，我们也可以将它命名为“谷神”“婴儿”“无极”“朴”，其本义都是代指那个清静无为的本源。这句话里的“朴”字指未曾经过雕琢加工的木头，象征着未经任何修饰的天然与纯洁。老子说，“朴”虽然微小，但正是这份纯真质朴，没有任何人为的瑕疵，才是最伟大最宝贵的，天底下没有任何人或物能将其降服。君王若是能够坚守住这个“朴”字，效法大道，秉持清静无为的治国之策，坚持正直无私，那么天下万物都将自动归顺于他，这就是无为而治。

“天地相合，以降甘露，民莫之令而自均”。老子说，大道独立不改，周行不殆，是最公正而平等的存在。这就好比乾坤阴阳交汇，形成了甘霖雨露普降世间，君王的无为之治可以使众生都能享受到天地的恩泽，不存在丝毫偏倚，平等而不受任何人为影响。

“始制有名，名亦既有，夫亦将知止，知止可以不殆。譬道之在天下，犹川谷之于江海”。但是看似如此简单的事情，世人为什么做不到呢？老子说，世人之所以是世人，就是因为身处“我执”之中，深陷妄想、分别、执着，必须抓住“实有”的东西才能够安心。世人很难接受“道法自然”和“无为而治”，我们必须“有”个目标，“有”所作为，“有”所成就，以证明自己的“真实存在”。然而，一旦我们执着于这些目标、作为和成就，就会被它们牢牢地束缚，继而产生种种欲望和忧悲苦恼。好比我们对财富的追求，金钱本身毫无价值，它的产生也仅是为了满足商品交易的需要。但是，我们却在金钱之上形成了财富的概念，致使金钱成为攀比的工具、地位的象征，仿佛有钱人更加尊贵，穷人低人一等。这也使得越来越多的人因为财富而烦恼焦虑，似乎财富成了证明自身价值的唯一方式。现在的我们仿佛被卷入漩涡一般难以自拔。其实，有钱也好，没钱也罢，它们有各自的“阴阳”。金钱本质上与我们内心的幸福并无实际关联。我们要做的只是安守内心的宁静祥和，善良地对待周遭一切就可以了。

“夫亦将知止”，老子说，我们要学会“知止”，不可以被内心的欲望所左右，要懂得让自己停下来，只有懂得停下来才能走得更远。比如，在修行中就有“止”和“观”的方法，其目的就是让头脑中的万千思绪停下来，让身心安静下来，通过“止”和“观”达到“定”的状态。老子此处说的“止”也是相同的意思，通过“止”来逐渐回归内心的清静空明，看清尘事，如此才能真正逍遥于世间。老子在这里打了一个比方，他说，世间众生如果懂得“止”，就会自然而然地回归本源，就好像山谷中的溪流必定汇集流向江海一般。溪流的水来自江海，最终亦将回归江海。众生源于“清静”，亦将回归于“清静”。

《道德经》第二十九章至第三十二章的内容，老子看似向诸侯君王讲治国平天下之策，但实际上也是向每个人讲修身、齐家、创业之道。因为众生万象本自同源一体，万事万物都遵循大道的法则，人与人没有分别，事与事亦没有分别。如果我们懂得遵道而行，知止守朴，清静无为，那么“万物将自宾”，我们的生活也会变得圆满和谐，顺心顺意。

【第三十三章】

> 知人者智，自知者明。
>
> 胜人者有力，自胜者强。
>
> 知足者富。
>
> 强行者有志。
>
> 不失其所者久。
>
> 死而不亡者寿。

前面几个章节，老子阐述了诸侯君王的治国之道与平天下之策。然而，天下社稷终究是要靠“人”来治理的，本质上还是要落实到“人”自身的修养上。《道德经》第三十三章，老子又将话题转回到如何开展自我修行上。

“知人者智，自知者明”。老子说，这个世界上能够识人知人、欣赏举荐他人的人是聪慧机智的，可以称得上智者。但是，识别他人容易，识别自己困难。大多数人能够轻易列举出他人身上的诸多缺点，但是对自身存在的问题视而不见。我们想要客观理性地认知自己是困难的。这是为什么呢？因为世人的“我执”观念极重，往往认为自己才是人群中那个最优秀、最正确的人。如果要我们全面理性地看待自己，就意味着要自我否定、自我批评，这在“人性”上是很难接受的事情。

"朴散则为器"，世人越来越注重"器"，日常所思大多是如何追求物质财富和感官享受，行为举止也变得越发自私自利。在这样一个竞争激烈、嫉妒之风盛行的时代，能够理性地认可他人、赏识他人、帮助他人已经实属难得，若能够时时刻刻反思自我、警醒自我、改变自我、奉献自我，这样的人就更为稀少了。

老子说，只有真正清晰全面地反思自我、认知自我才能叫作"明"。这个"明"即明道、明白通达、了知一切。这个"明"，不仅限于世间法的"明"，更重要的是出世间法的"明"。世间法的"明"是小"明"，出世间法的"明"是大"明"。我们自幼学习"有为"的知识技术，为的是成人后可以实现"自身"的价值，成就事业，获得幸福生活。然而，当我们成人之后，又开始为功名利禄所累，为柴米油盐所困，忙碌一生而后终老，很少有机会去思考人生和人性的本源。老子说，不要糊里糊涂地度过"无明"的人生。探究宇宙世间万物万法的真实本源，掌握阴阳生克转化法则，明达自性、遵道而行的人生才是真正的"明"。

"胜人者有力，自胜者强。知足者富。强行者有志"。老子说，世人皆有惰性，都希望付出少、回报多，如果能够空手套白狼那就更好了。在这个世界上，愿意付出艰辛、脚踏实地打拼一番事业的人实在占少数，这样的人能够在竞争中战胜他人，说明这种人是有能力、有实力的。然而，这类人也仅仅是"有力"的人罢了。

真正的强者是能够在认知自己的基础上，管理好自己、战胜自身人性的人。他们明知前方有艰难险阻，却依然砥砺前行；明知道自律的艰难，却依然敢于挑战自我，这种人是真正有毅力、有志气的人，才是真正的大丈夫。老子所说的这一点在出世间法上表现得尤为突出。要知道，我们生存于"有形"的世界，日夜被无穷尽的欲望所围绕，贪恋五色、五音、五味的感官享受，沉浸于安逸、舒适的生活，想要且能够摆脱这个有形的世间是非常困难的事情。因此，老子说，如果一个人懂得知足，能够摆脱有形的禁锢、物质的束缚，追求清净湛然的大道，才是真正“富有”的人，才能真正称为“强者”。

古人云“出家乃大丈夫事，非将相之所能为”，讲的就是王侯将相虽是智者，是有力之人，但若要让他们放下一切，追求世间的大道本源真相，他们是做不到的。于是，老子继续说，“不失其所者久。死而不亡者寿”。世间的事情大多很难善始善终，大多数人并非因能力不足而无法完成比赛，而是因为无法坚持而在中途选择了放弃。老子说修行也是一样，我们生活于这个纷繁复杂的世间，时刻受到外部环境的侵扰，做到不忘初心、笃信自己的立场信念、如莲花般出淤泥而不染才是最为困难、最为重要的。要提醒自己，我们有形的身体是无常的，它有生老病死，终有消亡的一刻，我们应该去寻找和追求那个无生无灭的“道”，它才是永恒的存在。

【第三十四章】

> **大道氾兮，其可左右。万物恃之以生而不辞，功成而不有。衣被万物而不为主，可名于“小”；万物归焉而不为主，可名为“大”。以其终不自为大，故能成其大。**

《道德经》第三十四章至三十七章，老子对《道经》的部分做了系统的总结。他在《道经》中将寰宇作为一个“整体”或者说视为一个“身体”，告诉我们这个“身体”是如何诞生的，外貌特征是怎样的，内在属性又是怎样的，而我们自己作为这个“整体”的一部分又应该如何顺应大道，回归本源。

前文中，老子讲，“谷神不死，是谓‘玄牝’。玄牝之门，是谓天地根。绵绵若存，用之不勤”，大道“独立而不改，周行而不殆，可以为天地母……强为之名曰‘大’。大曰‘逝’，逝曰‘远’，远曰‘反’”。第三十四章中，老子说，“大道汜兮，其可左右”。万物的本体——“道”，它无穷无尽、无边无际，范围大到没有边界，它无处不在、无时不有，永恒伴随在我们左右。因为心物本自一元，宇宙世间万法万象皆出自“道”，本就是道。

“万物恃之以生而不辞，功成而不有”。大道生育了天地，运行了日月，长养了万物，但是它没有丝毫自见、自是、自伐、自矜，它并不认为自己是万能的造物主，也不认为自己有任何殊胜的功德。因为大道清静无为，没有任何的分别，不存在“自己”和“他人”的概念，更没有所谓“造物主”和“功德”的概念。大道与世间万事万物本是一体，就好比纯真慈爱的母亲，母亲不会因为生养了子女，就认为自己有什么特别的功劳，应该获得子女怎样的回报，母亲为子女所做的一切都自然而然，没有分毫自私的观念。

同时，大道没有所谓“有情”的概念，也没有所谓“无情”的概念。当面对众生万物的生死，它亦理性看待，不为所动。为什么会如此呢？因为从大道的角度看，生老病死不过是阴阳转化的外在表象罢了，大道的本体没有任何生灭，没有丝毫污染，没有任何增加与减少，一直是永恒的湛然清净的存在。一切的概念定义，其实只是众生产生的分别。一切的现象，其实只是自我哀叹、庸人自扰罢了。

“衣被万物而不为主，可名于‘小’；万物归焉而不为主，可名为‘大’”。老子继续说，“大道”覆盖万物而不自以为主宰，它将自己看得很渺小，可以称它为“小”，这是其无私无欲、无有分别的表现；同时，“大道”又能生万法，可以孕化万事万物，产生世间种种纷杂的现象，具备大造物主的功能，而它又不自恃为万物之主，更是伟大了。

“以其终不自为大，故能成其大”。老子说，正是因为“微小”才能产生“伟大”，正是因为“空无”才能生出“妙有”。“道”本自清静无为没有分别，在“道”的眼里，是无所谓“大”也无所谓“小”的，“大”即是“小”，“小”即是“大”。奈何世人自寻烦恼，深陷分别执着，有分别即有阴阳，有阴阳即有“反者，道之动”的生克转化。于是，老子借助“阴”“阳”“大”“小”的概念，告知我们“阴”从“阳”来，“阳”从“阴”来；“大”从“小”来，“小”从“大”来。其实在本质上，无所来，亦无所去，“大道”本自混元一体。

【第三十五章】

> **执大象，天下往。往而不害，安平泰。**
>
> **乐与饵，过客止。道之出口，淡乎其无味，视之不足见，听之不足闻，用之不足既。**

《道德经》第三十五章，“执大象，天下往”。天下众生本源自大道，本性就是大道。奈何我们因为“执象”成为众生，众生从何而来？众生其实是我们分别出来的。世间的众生和一切物象都在演道说法，万法讲的本是同一个道理。

老子知道世人执着，喜欢“执象”，这些“象”将“我”与“他人”以及时间的“长”与“短”分别开来，其中最牢固、最深刻的相就是“我”。事事以“我”、“我”的家庭、“我”的单位、“我”的国家、“我们人类”为出发点。所以，世人皆有一个属性，那就是“短视”。当我们需要以国家作为出发点时，却优先考虑自己的集体单位；当我们应该为集体单位考虑时，却优先考虑自己的小家庭。这真是所谓降本流末、颠倒昏昧啊！

老子说，世人既然喜欢执“象”，那就应该反过来，去执那个最大的“象”。那个最大的“象”是什么？就是“大道”。大道的“象”是无状之状，无物之象，大到没有形状、没有形象。大道绵绵若存，用之不勤，如果我们执持于大道的“象”，就可以“致虚极，守静笃”，回归清静的本源，成为永恒的存在。对于世间法而言，如若我们执象，我们应该执取的是“天下”的大象，摒弃私念，先天下之忧而忧，后天下之乐而乐，时时处处无私地为天下百姓奉献自己，从而成就“天下”之象。我们观察历史上那些伟大的领袖、思想家、科学家、企业家、慈善家，哪一个不是以天下众生的利益作为自己的责任呢？“故贵以身为天下，若可寄天下；爱以身为天下，若可托天下”，老子所说的话是真实不虚的。

“往而不害，安平泰。乐与饵，过客止”。老子说，执取真正的大“象”，一切以大道为起点，以天下为出发点，舍小我为大我，利好众生，那么最终的结果一定是安乐、平顺的。从出世间法的角度，我们可以回归无极的大道本源，无为而无不为。从世间法的角度，这样的做法会让我们获得天下人的归顺、拥护和支持。我们切莫将人生的重心放在“乐”与“饵”的小“象”上，一生以追求所谓荣华富贵为目标，贪图所谓五音、五色、五味的物质享受和感官刺激。要知道，我们处在阴阳二元构成的世间，日出日落、花开花谢，所有的现象皆有生有灭，人也不过是这段旅途的过客而已，以蝇头小利为目标，我们不仅与永恒的大道无缘，甚至连荣华富贵的边也摸不到。为什么呢？这是因为我们在初始阶段就把目标定反了，把路走反了，如此浪费了自己宝贵的一生。

“道之出口，淡乎其无味，视之不足见，听之不足闻，用之不足既”。老子说，真正有智慧的人，应该以大道为目标，探求寰宇世间的真正奥秘，为天下众生揭晓真理真相，如此精进地修行，即可体会到人生真正的意义。大道的实相是清静空无的，用舌头尝不到它的味道，用眼睛看不见它的形状，用耳朵听不到它的声音，触摸它也没有任何感觉。它非明非暗，是无状之状、无物之象，无法用言语描述它的样子。但是这个空无的大道却又能够产生任何味道、任何形象、任何声音、任何触觉，这真是玄之又玄啊。

【第三十六章】

> 将欲歙（xī）之，必固张之；将欲弱之，必固强之；将欲废之，必固举之；将欲取之，必固与之。是谓“微明”。
>
> 柔弱胜刚强。
>
> 鱼不可脱于渊，国之利器不可以示人。

《道德经》第三十六章，老子说，“将欲歙之，必固张之；将欲弱之，必固强之”。如果我们想要收紧一样东西，那么就必须先让它扩张，就好像呼吸一般，我们如果想要吸入空气，就必须先让胸腔打开，胸腔一直处于收缩状态，是无法吸入空气的。如果我们想要削弱一样东西，就必须先让它持续壮大，当其膨胀到极致时就会自行削弱。好比一个人，当他自恃自傲、自我膨胀到达了极点，必定在胡作非为之中将自己推向毁灭之路。

“将欲废之，必固举之”。同理，如果我们想要废弃一样东西，那我们必须先让它发展壮大起来。好比我们创办企业，企业一直在走上坡路，业绩越来越好，前景一片光明，这个时候我们就要警惕起来了，要时刻提醒自己切莫自伐自矜，因为这或许将是衰落的开始。“将欲取之，必固与之”。如果我们想要从他人手中获取东西，必须先从给予他人东西开始；想要获得别人的支持，就先从支持别人开始；想要获取财富，就先从帮助他人解决问题着手。前文我们曾讨论过财富之道，创立一个企业的根基在于为社会大众解决问题，能够解决一个社区的问题，就可以赚取一个社区的财富；能够解决一个城市的问题，就可以赚取一个城市的财富；能够解决一个国家乃至全人类的问题，就可以赚取全国乃至全人类的财富。

这一章与第二十八章的“知其雄，守其雌”“知其白，守其黑”“知其荣，守其辱”讲述了同样的道理，讲的是阴阳相生相克的变化法则。

“柔弱胜刚强。鱼不可脱于渊，国之利器不可以示人”。老子说，知晓了阴阳生克转化的道理，我们在面对刚强之人时，就不会以刚强来回应他，而是从刚强的对立面——柔弱来应对他，以柔弱的姿态化解干戈。这就好比以石击石、以硬碰硬，结果必定两败俱伤；如果以水滴石、以水化石，则能水滴石穿。《周易》中的履卦就阐述了这个道理，“履。君子以辨上下，定民志”，其含义就是告诉我们应该践行大道，懂得以柔克刚，顺应阴阳变化之势。

最后老子说，这些阴阳生克转化之术都是“微明”，不可执着。鱼之所以能够自由自在地玩耍，那是因为它生活在水中，如果脱离了水，鱼就会死去，水是鱼的根本。国家最核心的命脉，最坚固的利器，最后的底牌是不能向他国展示的，因为这些是国家得以生存的根本。世人“利用”和“顺应”阴阳的法则，也要抓住这个根本。这个根本就是“清静无为”的道，凡事保持中道，才是真正的遵道而行。反之，若是我们脱离了大道而妄用阴阳，就好像鱼主动脱离了水、国家自愿放弃了利器一般，我们就会被阴阳所困，最终导致自己失去根基而走向灭亡。

【第三十七章】

> 道常无为而无不为。
>
> 侯王若能守之，万物将自化。化而欲作，吾将镇之以无名之朴。镇之以无名之朴，夫将不欲。不欲以静，天下将自正。

第三十六章，老子说，“鱼不可脱于渊，国之利器不可以示人”。我们不可脱离大道本源而滥用阴阳之术，讨论的是“因”。第三十七章，老子转而讨论“果”，他告诉我们遵道而行的最终结果是什么，我们将获得怎样的利益。

“道常无为而无不为。侯王若能守之，万物将自化”。老子说，大道的本体是永恒的湛然空寂，它本自清静，不生不灭，不垢不净，不增不减，但是又能衍生万法万象。它本自无为，但是又能够无所不为，在这清静的“空无”之中能够产生出纷繁复杂的“妙有”。

《列子·天瑞》有言：“故有生者，有生生者；有形者，有形形者；有声者，有声声者；有色者，有色色者；有味者，有味味者。生之所生者死矣，而生生者未尝终；形之所形者实矣，而形形者未尝有；声之所声者闻矣，而声声者未尝发；色之所色者彰矣，而色色者未尝显；味之所味者尝矣，而味味者未尝呈：皆无为之职也。能阴能阳，能柔能刚，能短能长，能员能方，能生能死，能暑能凉，能浮能沉，能宫能商，能出能没，能玄能黄，能甘能苦，能膻能香。无知也，无能也；而无不知也，而无不能也。”

列子的这段话其实就是在理上阐述道的无为和无不为。无为是因，无不为是果。世间万物从外在看是有生命、形状、声音、颜色、味道的，但是就本质而言，却是无形、无声、无色、无味、永恒、空无的。这个本体能够无分别地造化出万法万象，它看似无为、无知、无能，却能够发挥无所不为、无所不知、无所不能的作用。如果我们回归本体本源，与大道合而为一，就能够与其一样，无所不能。

“道常无为而无不为”。在出世间法上，如若真想无所不为，那就先从无为开始，遵道而行，“致虚极，守静笃”，道法自然，即可回归真如本源。“我”与万法万象融为一体，万法万象亦将为我所用。世间法上，“我”若能以“无为”治国，万物将自化；“我”与万国万民融为一体，万国万民亦将为“我”所用。

那么这种“为我所用”究竟是怎样一种状态呢？从世间法来说，我们的人生将一片坦途，幸福圆满。因为我们通晓了大道，一切事务还在“因地”之时，我们就择取“天下”和“善良”为立场，时时为人谦恭质朴，处处行事机警谨慎，和于阴阳顺势而为。因此在“果”上，所有的结果自然能够通达圆满。一切困难和问题在源头之时，我们就借助阴阳生克转化的法则，料定事情的发展方向和结果，在恶果尚未发生时就及时调整策略，因此所有的困难和问题都能顺利解决，事事都能顺心如意，我们这一生也将平顺安泰。又因为“无为”，我们凡事从容淡定，不费心力且无劳苦，好像自然而然就得到了理想的结果，让旁人非常羡慕我们的“好运”。

一切就如《黄帝四经》所说：“夫为一而不化：得道之本，握少以知多；得事之要，操正以政（正）畸（奇）。前知大（太）古，后［能］精明。抱道执度，天下可一也，观之大（太）古，周其所以；索之未无，得之所以。”我们始终不渝地学习大道，一旦领悟了大道，就可以以少见多，见微知著；掌握行事的方法，知晓成败的法则；博古通今，运筹帷幄。如果能以“抱一”的态度坚守大道，我们的人生必定圆融通达。

从出世间法来看，回归大道本源，我们可以达到无所不为的境界，万物与我们合而为一。这也就是下面老子要说的，“化而欲作，吾将镇之以无名之朴。镇之以无名之朴，夫将不欲。不欲以静，天下将自正”。他老人家说，我们若能做到无为，万事万物将与我们融为一体，都可以为我们所“用”，而且这种“用”是绵绵若存，用之不勤，取之不尽，用之不竭的。无生无死，无所不能，一切清静却可感应万物，这就是无为无不为的境界。同时，又因为取之不尽，用之不竭，所以我们没有任何欲望、需求或企图。一切自然地回归那个原始、无名、质朴的大道，一切湛然清净，世间万物都寂定如初、纯真无瑕。

德之用篇

【第三十八章】

上德不德，是以有德；下德不失德，是以无德。

上德无为而无以为；下德无为而有以为。

上仁为之而无以为；上义为之而有以为。

上礼为之而莫之应，则攘臂而扔之。

故失道而后德，失德而后仁，失仁而后义，失义而后礼。夫礼者，忠信之薄，而乱之首。

前识者，道之华，而愚之始。是以大丈夫处其厚，不居其薄；处其实，不居其华。故去彼取此。

《道德经》前三十七章讲“道体”，主要阐述宇宙间最根本、最核心的奥秘，是讲第一义的本质和真相。从第三十八章开始，《道德经》转而讲“德用”，老子将告诉我们如何遵道而行，顺势而为，成就幸福、美好的人生。

在第三十八章，老子说，“上德不德，是以有德；下德不失德，是以无德”。此处我们结合第一章的“道可道，非常道；名可名，非常名”，可以有更加深切的理解。老子说，“道”一旦有了命名和定义，就有了分别，就产生了阴阳，就已经不是那个真正清静空无的大道了。“德”也是如此，真正的“上德”，连“德”的概念和意义都没有，一切都是自然而然、本始如初的样子，“德”与“道”为一，没有丝毫差别。然而，当我们认为有个“德”存在，并且倡导要学习这个“德”、遵守这个“德”时，那么这个社会早已是“下德”的社会了，早已有“无德”的现象存在了，就是有分别的“有为”法了。这个我们命名定义后的“德”，早已经不是至纯至洁的“德”了。

“上德无为而无以为；下德无为而有以为”。真正的上德是无为而治，没有任何人为的动机和蓄意的行为。上德之人所做的事情，都是自然符合道德的。他们也不觉得自己在做道德的事，一切行为都出自本性，都是自然而然发生的，是无为之举。对比而言，下德之人有“德”的概念存在，行为处事要求自己遵守“德行”，按照“美德”的标准约束自己，这是人为的守德，是有动机的，是有为之法，所以称为下德。

“上仁为之而无以为；上义为之而有以为。上礼为之而莫之应，则攘臂而扔之。故失道而后德，失德而后仁，失仁而后义，失义而后礼”。上古时期，“仁爱”自然存在于每个人的心中，是每个人都具有的品格，所以大家连“仁爱”这个词都没听说过，人们一切的行为都出自“仁爱”，互助友爱之举皆出自人的本能。随着社会的“进步”，人们的分别观念越来越重，私欲越来越重，行为举止越来越为自己着想，不合乎“仁爱”的思想行为出现了，人们的行为已经不完全符合“道德”了，于是人们提出了“仁爱”的概念。再到后来，人们连“仁爱”都无法完全做到了，于是我们进一步降低标准，开始崇尚“义”的概念，如果“仁爱”做不到，那我们就共同恪守“信义”吧。

再到后来，人们连“信义”的底线都无法遵守了，那就只能用“礼”来约束自己了，这里的“礼”并非简单的“礼仪”，而是“礼法”。人们制定出各类规矩法则要求大家共同遵守，违反礼法者将会受到惩罚。到最后，人们连“礼法”都弃之不顾了，连法律、规则都形同虚设，人们再也无法约束自己的行为了，所有的行为举止全是自私自利，根本不考虑他人，这也是人类文明的“阴阳”要发生转化的时刻了。看到这里，我们会发现《道德经》其实亦是一部“预言”书。老子在千年以前就告诉我们，未来人类将衍变成什么样子。“故失道而后德，失德而后仁，失仁而后义，失义而后礼”。

“夫礼者，忠信之薄，而乱之首”。老子说，“朴散则为器”，当我们到了凡事都要讲法治、讲证据、讲规章制度的时候，人们的忠义诚信观念就已经非常淡薄了，那个时候我们距离乱世已经不远了。反观今天的人类社会，恐怕已经临近“失义而后礼”的阶段了，甚至已经到了“攘臂而扔之”的阶段。当老子看到如今的我们，凡事都依靠法规，事事呼吁诚信，做一件好事就想要获得回报，连看到老人摔倒都需要考虑扶不扶，乘坐公共交通工具时为了占座都会大打出手乃至诉诸法律时，他老人家想必也会唏嘘不已吧！

“前识者，道之华，而愚之始。是以大丈夫处其厚，不居其薄；处其实，不居其华。故去彼取此”。老子说，真正的有道之士早已洞悉阴阳转化的法则，知晓社会变动的规律。他们知道，在“道”和“德”的概念被提出时，人类就开始步入“愚乱”的阶段了。所以，有道之士纵使身处愚恶之世，也一直秉持自己的立场，依旧遵道而行，不为外在的乱象所侵蚀，时刻让自己处于无为的清静状态。要知道，在愚乱之世，到处充斥着“好人未必会有好报”的声音，要坚守内心的纯洁善良是非常困难的。当然，此处的“好人未必有好报”不是说因果上的行善没有好的果报，而是指人们举手投足都只为了自己，哪怕是行善也要图谋利益。这表明“有为法”“自私”“争利”已经深入人心了。

【第三十九章】

昔之得一者——天得一以清，地得一以宁，神得一以灵，谷得一以盈，万物得一以生，侯王得一以为天下正。

其致之也，天无以清，将恐裂；地无以宁，将恐废；神无以灵，将恐歇；谷无以盈，将恐竭；万物无以生，将恐灭；侯王无以正，将恐蹶。

故贵以贱为本，高以下为基。是以侯王自称孤、寡、不穀。此非以贱为本邪？非乎？故至誉无誉。是故不欲琭琭如玉，珞珞如石。

上一章，老子说，“故失道而后德，失德而后仁，失仁而后义，失义而后礼”。他向我们预示了人类文明发展演变的过程。第三十九章，老子承上启下，继续为我们讲解“失道”的后果。

老子在前文中用“一”来表示“道”。他说，“载营魄抱一”“是以圣人抱一为天下式”，这个“一”就是大道的本体。宇宙所有的阴阳变化和现象都是从这个本体而来，心物一元，也是从这个“一”而来，回归这个本体，即回归清静无为的大道本源，即成就无为而无不为的永恒境界。

“昔之得一者——天得一以清，地得一以宁，神得一以灵，谷得一以盈，万物得一以生，侯王得一以为天下正”。老子说，寰宇世间本就是一体，回归了本源就是“得道”，就是“得一”。从“一”的角度再来看“二”看“三”看“万物”，一切就都明了通透了。苍天得到了“一”则能清明而无瑕，大地得到了“一”则能宁静而厚朴，神明得到了“一”则能清静而灵慧，山谷得到了“一”则能丰盈而肥沃，万物得到了“一”则能生生不息，侯王得到了“一”则天下皆来归顺，协和安泰。

“其致之也，天无以清，将恐裂；地无以宁，将恐废；神无以灵，将恐歇；谷无以盈，将恐竭；万物无以生，将恐灭；侯王无以正，将恐蹶”。反向推导，如果我们离开了“道”的“一”，那就是无源之水、无本之木。苍天离开大道将撕裂，大地离开大道将发生种种灾难，神明离开大道将失去灵性，山谷离开大道将枯竭衰败，万物离开大道将面临灭顶之灾，侯王离开大道国家将分崩离析。此处，老子是在反复地敲黑板、划重点，告诉我们不可以舍本逐末，离“道”谈“德”，撇开中道孤立地追求阴阳的生克变化，那是误入歧途。“德之用”不可以离开“道之体”，离开了“道体”讲“德用”那就是“二”，就是分别，就是有为法。

“故贵以贱为本，高以下为基。是以侯王自称孤、寡、不穀，此非以贱为本邪？非乎？故至誉无誉”。老子说，万事万物由阴阳构成，无时无刻不在无常的变化之中。我们应该在中道的基础上，善于利用这些规律法则，以无为之法来成就无不为之果。于是，他举了几个简单的案例，他说，富贵从何而来？富贵是从贫苦艰难的环境中来的；崇高的地位从何而来？崇高的地位是从自甘居于低位的微不足道中来，是从谦恭地为他人奉献而来。世人喜欢追求荣华富贵，喜欢高高在上的权位，要知道善果是从它们的对立面转化过来的。我们观察古时的君王，他们为什么喜欢称孤道寡，自称孤家寡人？难道他们真的喜欢用这些词语来形容自己吗？并非如此。他们知晓了阴阳转化的道理，时刻提醒自己，今天的一切都是从苦寒中打拼中来的，要时刻保持谦卑低调，不可遗忘了本源初心。

一个人、一个家族、一个机构乃至一个王朝到了高位时，最容易迷失自我，自见、自是、自伐、自矜将成为常态，这是走向衰败的征兆。所以老子提醒我们，当我们身处丰裕富贵之时，需要格外谨慎，要晓得功遂身退，要知道布施分享。在这个时候，我们只要稍不留神就可能跌入深渊，回到当初那个一无所有的境况。我们回看曾经那些社会地位显赫一时的某集团、某家族，后来又有多少不是江河日下了呢？

下面老子继续说，人生不应以成为华美精致的“玉石”为目标。要知道阴阳变化，有生有灭，无法持久，再华美的玉石亦有破损毁灭的一天。当我们真正成为精美的“玉石”的那一刻，也是走向衰败的时候。有道之士知晓了世间的智慧真理，因此始终以抱一为天下式，以大道作为毕生的追求，不会盲目地执迷于那些虚假的阴阳幻象。

大道浑然一体，从本质上看，“德”就是“道”，“道”就是“德”；“体”就是“用”，“用”就是“体”。《德经》虽是讲“德用”，但是这个“用”是基于“体”的“用”，不可分而视之。老子知道世人执迷于世间的繁花似锦，一旦学习了“德用”，容易痴迷于这些“用”，从而更加沉浸于对名利的追求。他告诉我们，这种脱离了“体”的“用”，实际上就不能称为“用”了，那样只会让我们深陷阴阳二元偏执，无法回归清静无为的大道本源。

【第四十章】

> **反者，道之动；弱者，道之用。**
> **天下万物生于“有”，“有”生于“无”。**

《道德经》第四十章仅二十一个字，但就是这寥寥数字却阐述了这个宇宙间最为复杂、最为深奥的道理。如果用论文阐述其中所涉及的各学科内容，恐怕数百万字甚至千万字也难以描述清楚。但这也恰恰印证了“反者，道之动”的原理，最为困难的往往就是最为简单的。世间如此纷繁复杂的现象只需一阴一阳两个符号就可以囊括。这一阴一阳相生相克，阴中有阳，阳中有阴；阴盛阳衰，阳盛阴衰；阳极阴生，阴极阳生，时刻向其对立面转化。

《道德经》第二十八章中的“知其雄，守其雌……知其白，守其黑……知其荣，守其辱”以及第三十六章的“将欲歙之，必固张之；将欲弱之，必固强之；将欲废之，必固举之；将欲取之，必固与之”其实都是对“反者，道之动”的阐释和应用。例如，获得财富最好的办法就是行善布施，满足他人的需求；想要深入理解一门技术，最好的办法就是为他人讲解；想要生活得幸福健康长寿，最好的办法就是使他人开心快乐；想要子女成为栋梁之材，最好的办法就是敢于放手，让其自行承担起责任和义务。

以上都是阴阳变化法则的各种应用，我们不再赘述。重点是我们在知晓了阴阳运动变化的规律之后，应该如何使用它们呢？老子告诉我们，最为关键的一点是要学会用“弱”。我们只有学会了用“弱”，才能够变“强”；只有接受了“弱”，才是真正的“强”。我们应该善于展示自己的“弱”，使用自己的“弱”。

当然，这里的“弱”不是指狭义的“软弱”“柔弱”，而是指“柔”“静”“清”“虚”“下”。所谓“弱水三千”，我们可以从水的特征中去仔细体会这个“弱”。

万物的本体是清静的“道”，因为分别和执着的作用，故而呈现出了所谓“实体”的形态。现在的我们时刻追求和证实自身的存在感，凸显“我”的不同，我们追求的财富、名利、美貌，都是为了满足自身的差异化，强化一种“自我”的分别。我们追求豪车、洋房，其本质也无非想要证明自己比他人优秀。中国古语的“不患寡而患不均”，就是对人性这一特征的完美阐释。

假设我们买了两只股票，一只已经赚钱，一只正在赔钱。当我们需要用钱必须卖掉一只股票时，我们会卖掉哪一只呢？相信绝大多数人都会倾向于卖掉赚钱的那只。为什么呢？因为我们在潜意识里很难接受自己的失败。这是人性所在，我们无法接受自己的错误，很难接受别人的批评，喜欢他人的赞美，享受他人的阿谀奉承，这一切的根源其实都是在于“分别”。

人类因为“我执”而“好强”，但老子认为这种所谓“强”其实是一种“弱”，因为“好强”这一属性就是我们最为明显也是最为致命的“弱点”。老子说，懂得示弱、用弱、正视自身不足的人，才是真正强大的人。好比两个人产生矛盾冲突，一个人嚣张跋扈、不依不饶，另一个人谦卑有礼、主动道歉。在外人看来，好像嚣张跋扈的人赢了，但实际上真正化解冲突、解决问题的人是谁呢？其实是那个谦恭有礼的人。老子说，“弱者，道之用”，懂得“弱”的人，才是真正会“用道”的人。

“天下万物生于‘有’，‘有’生于‘无’”。这句话与《道经》遥相呼应，是老子从阴阳的角度论证世间万物产生的真相。他说，天下万物都有生老病死，生命是阴阳交合而来。但是，万物最初的父母又是从何而来呢？是另外的神灵创造出来的吗？非也。一切生命都从虚无中来，这种虚无并非什么都没有，而是一种视之不见、听之不闻、搏之不得的存在。在这“空无”的“存在”之中，因为分别作用形成了阴阳，阴阳交互结合从而诞生了生命和世间种种现象。由此我们可以知晓，“有”与“无”亦是一对阴阳，亦在进行“反者，道之动”的变化。

【第四十一章】

> 上士闻道，勤而行之；中士闻道，若存若亡；下士闻道，大笑之。——不笑，不足以为道。
>
> 故建言有之：
>
> 明道若昧，进道若退，夷道若颣。
>
> 上德若谷，广德若不足，建德若偷，质真若渝。
>
> 大白若辱，大方无隅，大器晚成。
>
> 大音希声，大象无形，道隐无名。
>
> 夫唯道，善贷且成。

大道清静无为，而我们却执着于这个由阴阳构成的实有世界。因为二元偏执，我们站在“实有”的立场去理解“空无”，其实是非常困难的。因此，老子只好“借有说无”，通过“有形”的事例向我们揭示“无形”的奥妙。然而，老子用心良苦地阐述如此精深的道理，毫无保留地将最本质、最核心的秘密告诉我们。我们能够相信吗？我们能够理解吗？未必。他老人家自己也说，信不足焉，有不信焉。这些道理不是所有人都能够相信的，不是所有人都能够接受的。为什么呢？这是因为，即便是他自己所说的《道德经》也必须遵循着阴阳生克的法则。

《道德经》第四十一章，“上士闻道，勤而行之；中士闻道，若存若亡；下士闻道，大笑之。——不笑，不足以为道”。老子说，真正有智慧德行的人一听闻“大道”的原理，立刻就相信了，他们会把践行大道作为毕生的事业而精进不止。他们会将修证大道融入日常的行为和思维之中，这部分闻即信受的人是“上士”。古时候的上士很多，随着时间推移，上士则变得越来越少。有一部分人，他们听闻“大道”的原理后，将信将疑，既不全信，也非不信。当自己需要的时候，他们就摆出相信的样子，不需要的时候他们就把大道撇在一旁，这部分半信半疑的人为“中士”。还有一部分人，听闻“大道”的原理后，哈哈大笑，嘲讽这简直是愚弄世人的把戏，只有傻子才会相信，这部分完全不相信的人为“下士”。这里，老子开玩笑地说，这就对了，如果没有这部分中士和下士的存在，“大道”就不是真正的“大道”了。天下万物皆出自道，皆有阴阳。如果讲了道理，所有人都能够信受奉行，那就没有阴阳，那就不是“道”了。

老子知道世人本性如此，因此反复劝诫我们要保持中道。所谓“多言数穷，不如守中”。这里的“守中”，不是中士的“将信将疑”，而是不持有任何片面的立场和观点，对一切事物现象都保持包容、开放、接受、理解的态度，也不为任何事物现象扰乱自己的心绪，时时处处居于清静无为的状态。老子说，持有这样是非两忘的态度，才能真正地理解“道之理”。

“故建言有之：明道若昧，进道若退，夷道若纇”。老子说，因为阴阳本出自大道，本就是道，大道无分别地兼具了阴阳的属性。所以真正了悟大道的人，并非像人们想象的那般仙风道骨，反而是一种朴实无华的模样。但是在这朴实无华的外表之下，却是清静空明而充满智慧的心灵。

老子说，在人生修行的路上，当我们即将进步和成长的时候，就会突然遇到很大的挫折而倒退，这是“进道若退”。这一点，我们在学习文化知识时都有同样的感觉。最初接触某个理论知识，我们感觉自己思路清晰，理解得非常透彻，但是到了后期，我们会突然感觉所有理论知识都模糊了，所有的条理都混乱了，这其实是我们将要进步的表现，是阴阳再次转化的时刻，这个时候只需要保持中道，理性地坚持下去，我们就会对学习的内容有更加深入的理解，境界上会有进一步的提升。

老子说，平夷的康庄大道并非自始就宽阔平整，它要经历无数次的修整和铺装才能变得畅通无阻。所有伟大的事业都不是一朝一夕所能成就的，必定要经历无数的艰难险阻和坎坷挫折。《孟子·告子下》有云：“故天将降大任于是人也，必先苦其心志，劳其筋骨，饿其体肤。”人的成长也是一样，伟大的人生只有经历无数的风霜雨雪后方能成就。

“上德若谷，广德若不足，建德若偷，质真若渝”。老子说，真正的纯洁都带有隐约的瑕疵，因为纯洁与瑕疵本就一体，纯洁需要瑕疵的映衬。真正具备德行修养的有道之士，虚怀若谷，平易近人，毫无自大与骄傲。只有自以为是的庸人才喜欢四处吹嘘、夸耀自己。真正明白四达的智者，他们坦然面对外在的屈辱和不公，心境不会有丝毫扰动。真正智慧圆满的高人，他们始终正视自己的不足，他们时刻告诫自己要不断地精进修习。真正修为高深的大士，他们的身心时时处于清静之中，他们已经将修行融入饮食起居。

“大白若辱，大方无隅，大器晚成。大音希声，大象无形，道隐无名。夫唯道，善贷且成”。老子说，真正的广博是大而无外，大到无有边界，没有空间和时间的边际，是无法用方向和距离来衡量的。真正伟大的器物要经历千锤百炼，不可能在极短时间内锻造完成。真正洪大的声音，如超声波，我们是无法用耳朵听到的。真正浩瀚博大的现象，如宇宙中过于遥远的星系，我们是无法用肉眼观测到的。为什么呢？因为我们自身陷入了有分别的阴阳之中，有分别就有界限，有界限就会有限制，有限制就无法做到圆通无碍。老子列举这一系列的案例其实就是为了告诉我们，真正的大道是无分别的阴阳合一。真正的大道是无相、无形、无名的，我们无法通过有形和有限的感官去感知和评判。因为一旦有了相、有了形、有了名，就有了分别，那就不是那个真正的“道”了。

【第四十二章】

> 道生一，一生二，二生三，三生万物。
> 万物负阴而抱阳，冲气以为和。
> （人之所恶，唯孤、寡、不穀，而王公以为称。故物或损之而益，或益之而损。人之所教，我亦教之。强梁者不得其死，吾将以为教父。）

《道德经》第四十二章，“道生一,一生二,二生三,三生万物”。“道生一”，这个“道”即指大道的本体，它本自空无，湛然清净，是天下万物产生的本源。伏羲画“一”开天，然而当“一”被画出来时，已然与“非一”对应了。当我们命名这个“⚊”为阳、为“乾”时，已然有个“⚋”为阴、为“坤”与之对应了。这其实已经是二元的状态了，已然产生了分别，已经不是最初始的清静无为的“道”了。真正的大道其实是“零”，那个“零”才是真正的“一”，才是真正的湛然空无。

所以，画“一”开天，其实画出的是阴阳两仪，这两仪显示出了动静的“变化”。随后，阴阳两仪又可以彼此交互，形成两爻的组合，于是形成了少阳（⚎）、太阳（⚌）、少阴（⚍）、太阴（⚏）的四象，四象就是我们所指的“时间”概念，这就是“一生二”。阴阳两仪又可以形成三爻的变化组合，即乾（☰）、坎（☵）、艮（☶）、震（☳）、巽（☴）、离（☲）、坤（☷）、兑

（☱）的八卦，即天、水、山、雷、风、火、土、泽八种“空间”要素，即“二生三”。

时间与空间又可以相互交错，彼此排列组合形成六十四卦，阐述了自然界中六十四种场景现象，以代表世间的万事万物，即“三生万物”。

在《道德经》第四十章中，老子说“天下万物生于‘有’，‘有’生于‘无’”，其实也是这个道理。我们看到阴阳二爻的“有”，相互交合而生化万物，但是这一切的“有”都来自那个本体的“空无”的“零”。所以，阴阳两仪在本质上是“空无”是“道”，四象本质是“空无”是“道”，八卦本质是“空无”是“道”，六十四卦本质也是“空无”是“道”，万事万物虽变化无穷，但都在道中，本体依旧不生不灭，不垢不净，不增不减。

“万物负阴而抱阳，冲气以为和”。老子说，万事万物生成之后，都处于阴阳生克转化的变化之中，阳中有阴，阴中有阳；阴盛阳衰，阳盛阴衰；阴极阳生，阳极阴生。这又是为什么呢？因为阴阳本是清静无分别的一体。被“分别”之后，随即产生了“有”，产生了“变化”。虽然是被“分别”了，但是在体性上仍然是“无分别”的阴阳合一。所以，万物亦表现出了阴中有阳、阳中有阴的状态。

随后，由于“分别”产生了阴阳，产生了“有”，“有”与“无”本身也是一种阴阳。此时就会有一股无形的力量开始调和阴阳，以使其恢复平衡，归于无分别的合一状态，这个功能和作用就是老子所说的“冲气以为和”。而发挥这个功能和作用的力量就是万法万象的本体，就是那个原始的零——“大道”。所以，当出现阴阳不和谐、不统一的状态时，大道就会发挥作用进行调节，使其达到“中和”。这其实也是第四十章“反者，道之动”的逻辑原理。我们看到阴阳总是朝着与其相反的状态变化，但是这个现象背后是大道在发挥中性的调和作用。

从现实中看，今日有人自私自利，侵害了他人的利益，日后自会有一股无形力量，将其谋私的利益返还，使之恢复平衡。所以老子说，“故物或损之而益，或益之而损”。万事万物就是在阴阳损益的变化中运行的，此时看上去我们受损了，彼时我们不知为何又受益了；有时看上去我们受益了，后来发现我们其实受损了。世间之事一切就是这样反反复复，轮回不止。此时有的朋友会问，既然大道在调和阴阳，为什么阴阳还会不停转化呢？这是因为大道虽然在调和，但是万物始终沉迷于分别现象，又不断地在产生新的分别和执着，使得分别累加分别，执着累加执着，继而不断产生新的阴阳，产生新的变化和现象。

前文我们一直在反复强调，无为之法应是内心清静空无，外体顺应阴阳，一切道法自然，这背后的原理亦如此。为什么呢？当我们内心清静空无的时候，我们就斩断了后“有”，不会再继续营造出新的分别、新的执着、新的阴阳，自然也就不会产生新的变化。当我们外体顺应阴阳的时候，大道“冲气以为和”的功能将会自动推动我们回归于均衡、和谐、一体的本源实相。这一切的方法也非常简单，就是安住于自然本然的状态，道法自然。

“人之所恶，唯孤、寡、不穀，而王公以为称”。老子说，世人皆在追求幸福美好的生活，都不喜欢“孤”“寡”“不穀”这些不吉利的状态。但是君王却以这样的称谓称呼自己，这其实是他们想用这样的词语来提醒自己，如果离开了百姓，自己就是孤家寡人啊，他们也是借此来调和阴阳，“冲气以为和”啊。

“人之所教，我亦教之。强梁者不得其死，吾将以为教父”。老子说，我们应该通过这些世间阴阳有形的变化来感悟大道，遵循大道，效仿大道。大道的本体澄湛清明，没有丝毫分别执着。因此，我们也应该顺应中道，调和阴阳，切不可盲目地追求世间的有为法，偏激地追求所谓“有形”的强盛和强大。要知道刚强坚硬的东西都是容易折毁的。我们要懂得清静无为，这才是真正的道法，才是真正的德用，是古圣先贤在导引我们人生的方向，为我们教授世间的真理法则。

【第四十三章】

天下之至柔，驰骋天下之至坚。无有入无间。吾是以知无为之有益。

不言之教，无为之益，天下希及之。

世间人多喜欢坚强、坚韧、强大、刚强的事物，因为这些事物可以充分证明我们在这个世界中的“存在”和“实有”，证明我们相比于他人或者其他生灵更具有独特的“价值”。然而，在这种现象的背后，却是一种强烈的分别，是我们深陷于阴阳二元偏执的表现。我们执取于坚强、刚强，却往往忽视了“坚强”的事物最容易折损。阴与阳相生相克，在狂风暴雨中，高大挺拔的大树往往最先被折断，而柔弱无助的小草却能够存活下来。这也是由它们的阴阳属性决定的，因为“坚”所以易“损”，因为“柔”故而易“存”。

《道德经》第四十三章，“天下之至柔，驰骋天下之至坚”。老子说，柔弱胜刚强，天下唯有至柔至弱的事物才能够驯服至刚至坚的事物。那么，天下至柔至弱的东西是什么呢？老子在第八章中说，“水善利万物而不争，处众人之所恶，故几于道”。水是最接近于“道”的东西，它柔弱无争，哪怕处于人们最厌恶之处亦无所畏惧。但恰恰是这至柔至弱的水，却能够击穿世界上最为坚硬的岩石。正如“力拔山兮气盖世”的英雄项羽，古人常说，“羽之神勇，千古无二”。但就是这样勇猛无敌的豪杰，却败在善于隐忍、甘于示弱的刘邦手中，落得自刎于乌江的后果。历史其实是一部最好的放映机，可以生动地向我们展示各类阴阳生克转化的例证。

“无有入无间。吾是以知无为之有益”。这里的“无间”是没有间隙的意思，即代指“实有”的事物。为什么“柔”可以胜“坚”呢？我们以“实有”的事物来应对“实有”的事物，以硬碰硬，以刚制刚，往往只能带来两败俱伤的结果。反之，如果以“空无”来应对“实有”，不论这个“实有”多么坚实强硬，面对“空无”却丝毫无法发挥应有的作用。如同我们尽全力挥出一拳打在棉花上，我们的拳头和棉花都不会受伤一样，这是“空无”胜“实有”的道理。

老子所说的这些道理其实非常简单，但是在我们如今的学校和家庭教育中却鲜有提及。很多年轻人从学校步入社会后，不知道如何应对职场和社会中遇到的实际问题，不知道如何平衡阴阳，不知道如何解决矛盾，更有甚者工作了大半辈子也未曾领会到“天下之至柔，驰骋天下之至坚”的道理。许多朋友为人处世喜欢以牙还牙、以眼还眼，自认为这是“阳刚”的表现，自称天生就是这个脾气。殊不知，最坚硬的就是最易折损的，最终受伤的也只是“硬气”的自己罢了。

老子说，世间的人们都希望自己能够发挥聪明才智，有所作为，但是真正的“有为”其实来自它的反面——“无为”。凡事宁静中道，是非两忘，顺乎自然，我们只需尽心尽力去做就是了，至于结果自然会水到渠成。这才是真正的无为无不为，才是真正的无欲则刚。

“不言之教，无为之益，天下希及之”。老子一直倡导“是以圣人处无为之事，行不言之教；万物作而弗始，生而弗有，为而弗恃，功成而弗居”。他认为最好的作为是清静无为，最好的教化是无言之教，一切只是道法自然，不需要也无必要再有额外的教化和作为。佛家的禅宗也有异曲同工之妙，禅宗讲的是“不立文字，教外别传”。因为一旦立了文字，就产生了“有”，就产生了“相”，就产生了“执”，也就是“非常道”了。

既然如此，老子为什么还要写一部《道德经》呢？因为这世间能够真正接受“空无”、敢于真正放下的人实在是太少了。就连《西游记》中，唐僧师徒看到自己一路辛劳取得的真经竟然是“白纸”，也会懊恼不已。世人执迷于“有”，无法理解虚无的“无字天书”。圣人只好顺应世人的喜好，撰写一部有字之书，引导大家从“有”中体会“无”的大道了。

【第四十四章】

> 名与身孰亲？身与货孰多？得与亡孰病？
> 甚爱必大费，多藏必厚亡。
> 故知足不辱，知止不殆，可以长久。

《道德经》第四十四章，“名与身孰亲？身与货孰多？得与亡孰病？甚爱必大费，多藏必厚亡”。本章，老子提出了几个问题让我们反思。我们现在的人生追求是什么？应该追求什么？如果我们追求的目标是确切的，那么这个目标实现后，我们的人生也应该达到圆满的境界才对，如果届时还有其他目标比这个目标更重要，那么我们所选择的这个目标可能就是错误的。

此处，老子向我们提问，人们热衷于追求名誉声望，但是所谓名誉声望和自己的身体健康比，哪个更重要呢？我们热衷于追逐金钱财富，但是我们挚爱的金钱财富与自己的身心健康比，哪个更重要呢？我们热衷于不断寻求五色、五音、五味的感官享受，但是这些感官享受与自己的身家性命比，哪个更重要呢？无休止地索取与果敢地放下究竟哪个才是对我们有益，哪个才是对我们有害呢？如果上天给我们一道选择题，一笔巨额财富和一辈子的宁静幸福，我们该如何选择呢？

我猜想大多数朋友的答案是一致的——大家都会认为在身体健康、性命无忧的时候，肯定是名利更重要一点；如果身心健康出现了问题，那还是身家性命最重要一些。毕竟，我们拼搏努力不就是为了活得更好一点，活得更久一点，活得安宁幸福吗？当下的现代人在生命前半段“拿命换钱”，后半段“拿钱换命”，也是这个原因吧？如果有的朋友不认同，建议在空闲时可以去医院的抢救室外观察一下（当然，前提是不干扰医院的正常工作），相信当大家看到流水般消耗的钱财与亟待挽救的生命时，我们对于这个问题会有更深层的认识和体会。

讲到这里，很多朋友容易认为老子反对追求物质财富。这样的理解仍然是有偏差的。老子一贯秉持的是无为的中道，强调的是阴阳的无分别统一，是阴阳的平衡，他并非反对物质需求，基础的物质保障是我们生存在这个世界上的必要条件。但是，如果我们“甚爱”，过度地追求财富，以致阴阳失去了平衡，那么就会发生阳阴两极的转化，日后我们必将会为今日的透支付出代价。如果我们“多藏”，过分地热衷于积累财富、贪图享乐，日后我们必将因为今日的执着引火烧身，最终亡命于这些财富和享乐。这是“反者，道之动”“万物负阴而抱阳”的必然结果。

古时候，人们日出而作日落而息，起居坐卧顺应阴阳，饮食男女合于自然，内心清明，坦然自若，物质生活虽不丰富，却相对能够感受到内心的宁静与幸福。现今，人们的物质条件不知比古时好了多少倍，但似乎越来越难以找到幸福的感觉了。不论是高层管理者还是普通的职场打工人，大家都在为“甚爱”和“多藏”加班加点，忙碌不停。许多人透支了自己的身体，亚健康、罹患重病、猝死的人屡见不鲜，更有一些人采用自杀的方式来逃避这种无法释放的压力。许多朋友未到中年就已经两鬓斑白、头发脱落，社会上抑郁症和焦虑症等心理疾病越来越普遍，而且这类现象在距离金钱越近的行业表现得越明显。难道说，这就是我们追求的人生意义吗？

也许有朋友会说，市场竞争本就如此，我们不拼就会被市场所淘汰，丢了市场份额，没了饭碗，我们还谈什么生存？这种观点确实有一定道理。但我们细细反思，很多时候我们的出发点，并不是基于为他人提供更加优质完善的产品和服务，而是为了满足我们自己的“欲望”，为了证明自己的“才智”，出于满足所谓业绩考核或打压、排挤竞争对手。在这个过程中，我们往往会为了竞争而竞争，为了内卷而内卷。这其实已然偏离了最初目的，偏离了中道。现实中，有太多这样的企业和机构因为这样的原因失去了定力，偏离了轨道，在盲目贪婪、白热化的竞争中自取灭亡。

一个企业如此，一个人、一个家庭、一个行业或者一个国家也如此。当前，我们已经开始被竞争的氛围和贪婪的内心扰乱了发展的步伐，我们追求各项指标，但是如果操之过急，就必定透支未来。如果我们过度使用了未来的资源，透支了未来的健康、财富和事业，就牺牲了未来的长远发展。因为举债之后终究是要还本付息的，待到还款日，我们就必须为过往的行为付出代价，而那个代价将会是非常痛苦而漫长的。因此，老子说，“知足不辱，知止不殆，可以长久”。我们要学会知足和知止啊，要学会维持阴阳的统一平衡。如此，我们的生命和事业才能够长长久久。毕竟持续的身心健康才是我们真正的财富。

【第四十五章】

> **大成若缺，其用不弊。**
>
> **大盈若冲，其用不穷。**
>
> **大直若屈，大巧若拙，大辩若讷，大赢若绌。**
>
> **静胜躁，寒胜热。清静，为天下正。**

《道德经》第四十五章是对《德经》前面几章的阶段总结，老子在这里再次阐明观点，《德经》的阴阳生克转化固然重要，但是《道经》中大道的清静无为才是关键。

“大成若缺，其用不弊”。老子说，符合“大道”的大成，也就是真正的圆满，其实包含着残缺，是圆满与残缺的合一。真正成功的伟大事业，其中必定包含着困难、坎坷、挫折，是成功与失败的合一。正如新中国的成立，背后是无数革命先烈的鲜血和生命。这是大道蕴含阴阳共性的原理。大道正是因为无分别地融合了圆满和残缺的阴阳两面，才能够发挥其无为而无不为的作用。

“大盈若冲，其用不穷”。真正的充盈和增益，其实是包含着谦冲的，充裕之中必定包含着分享。我们获取的财富本身也是时刻运动变化的，它的本质是一种“流”，我们一边在获取和累积中流入，另一边又在投资和消费中流出。我们赚取的财富越多，要分享给客户、上下游、员工、股东以及国家和社会的就要越多。外界从我们这里获取的越多，未来回馈给我们的也就越多，如此我们的财富才能取之不尽用之不竭，这是阴阳相生相成的道理。《周易》中的大有卦就向我们揭示了这个寓意。大有卦，火在天上，“其德刚健而文明，应乎天而时行，是以‘元亨’”。这一卦的卦理是告诉我们要顺应天命，大有之后要懂得分享，如此方能持盈保泰。如果我们只顾着自己敛财而不懂得谦和布施，那么等待我们的结局必定是“甚爱必大费，多藏必厚亡”。

同理，“大直若屈，大巧若拙，大辩若讷”。老子说，世界上没有百分百的“直”，所谓“直”，仅仅是我们肉眼看上去的“直”，真正的“直”实际上是“屈”，它蕴含“屈”的一面。真正的大丈夫，并非只会“刚直”，而是懂得能屈能伸。真正精巧的物件，不会毫无瑕疵，精美到了极致必定呈现出拙朴，因为只有瑕疵才能衬托出完美。真正智慧通达的人，并非八面玲珑且能言善道，他们看上去反而有些木讷和愚钝。

俄罗斯的数学家佩雷尔曼，他曾以满分的成绩获得国际奥林匹克数学竞赛的金牌，随后成功破解了庞加莱猜想等世纪难题。在他取得了一系列惊人成就之后，人们都认为他应该尽情享受鲜花和掌声，享受这些成果带来的优质生活。但是他拒绝了所有世界名校的邀请，拒绝了有数学界诺贝尔奖之称的“菲尔兹奖”。生活中的他，依旧穿着最朴素的衣服，吃着最简单的食物。在邻居看来，他简直就像一个“乞丐”。世人都对他的“怪异”行为感到匪夷所思。其实，正是他专一的状态，他的特立独行，才使得他能够将所有的精力专注于数学，才使得他能够解决复杂的难题。这也就是老子所说的“涤除玄鉴”“专气致柔”，“大巧若拙，大辩若讷”。

“静胜躁，寒胜热。清静，为天下正”。老子说，当我们焦躁不安时，可以尝试用安静的方式让自己放松下来；当我们炎热难耐时，可以通过寒冷的方式让自己获得舒适感。宁静可以制约烦躁，寒冷可以战胜炎热。同理，烦躁也可以制约宁静，炎热也可以战胜寒冷。这些都是我们对“反者，道之动”的利用。但是在本质的第一义上，静、躁、寒、热都是世人的分别心所呈现的。大道清静空无，融合阴阳为一体，本无躁和静之分，本无寒和热之别，万物万象本来是“一”。当我们无所谓躁和静，无所谓热和寒，无所谓阴和阳，物我两忘，没有任何分别执着之时，那就是真正的清静，就是真正的空无。老子说，切莫把阴阳之术误以为道，清静合一才是真正的道。

【第四十六章】

> **天下有道，却走马以粪；天下无道，戎马生于郊。**
>
> **祸莫大于不知足，咎莫大于欲得。故知足之足，常足矣。**

老子在《道德经》第四十四章中说，“知足不辱，知止不殆，可以长久”，他教导我们要懂得知足和知止，如此社会才能和平安定，人生方能幸福长久。其中蕴含怎样的道理呢？世间的矛盾冲突与知足知止又有怎样的关联呢？

第四十六章，“天下有道，却走马以粪；天下无道，戎马生于郊”。马匹在古代是农耕时的重要生产工具，又是战争时重要的战略资源，通过观测马匹，我们就可以了解百姓的生活状态，就好像我们现在观测各类经济指标一样。老子说，天下有“道”的时候，百姓安居乐业，生活悠然自得，马匹的工作就是每日在田间耕种。天下无“道”的时候，世间到处是冲突和争端，马匹就变成了战争的工具，就连怀孕的母马都要征战于沙场。

为什么会有这样大的差别呢？有道和无道的区别在哪里呢？问题的核心关键又是什么呢？老子随后公布了答案。马是生产工具或者战略资源只是表面现象，现象背后隐藏的是人们贪婪的欲望，贪婪的欲望背后是人们的分别和执着。他说，“祸莫大于不知足，咎莫大于欲得”，有道和无道的区别就在于分别和执着，分别和执着产生了欲望，自我和欲望则表现为对自己已获得的不满足甚至渴求更多。世间最大的祸患莫过于贪婪，世人之所以发生冲突争端皆是因为“想要得到更多”，如果欲望无法得到满足，那就会诉诸军事和武力。

纵观古今，是否所有的冲突皆来自欲望和贪婪？国家与国家之间为了争夺资源爆发战争冲突，第一次世界大战致使1000余万人死亡，第二次世界大战导致7000余万人死亡。古代帝王家为了争夺至高的权力而骨肉相残的案例历朝历代都有。一个家族企业内部，为了争夺企业的控制权、管理权和财富，父子、兄弟、夫妻争讼法庭的事例屡见不鲜。哪怕是一个普通的家庭，为了些许遗产而大打出手，亲人从此形同陌路的故事也随处可见。

因此，老子说，问题的根源在于人们的欲望。当人们的欲望过盛，偏离了阴阳平衡乃至无法遏制时，就会企图通过武力的方式获取，这时冲突和战争就爆发了。而当残酷的战争爆发时，连牛和马这样的动物都要遭殃，更何况人呢？

那我们有没有方法避免冲突和争端呢？“吉莫吉于知足，苦莫苦于多愿”。老子说，“故知足之足，常足矣”。如若我们明了了大道，懂得知足知止，保持清静无为，那么这个世界就不会发生争端。如果我们洞悉了大德，人人相互体谅，大家互助协作，那么这个世界自然会和谐富足。

这一章也恰好呼应了第三十章老子所说，“以道佐人主者，不以兵强天下。其事好还。师之所处，荆棘生焉。大军之后，必有凶年”。依靠战争是不可能获取天下的，战争只会带来两败俱伤的惨痛结局。我们如果想要获取天下，真正的办法应该是彼此给予，而不是相互掠夺，“贵以身为天下，若可寄天下；爱以身为天下，若可托天下”，如此天下将自宾。这样做，天下将会自动来归顺我们。

《道德经》的核心之象就是一张太极图，太极图向我们展示了“阴阳合一”的清静道体以及“阴阳转化”。这些看似简单的原理，老子之所以反复强调，就是希望我们借助各种案例更加深入地感悟大道，将这些内容与我们自身的行为融合，作为我们日常处事时，凡事以“道德”作为标尺，时时自省，纠正自己的过失，才算是真正地修行大道。

【第四十七章】

> 不出户，知天下；不阙牖，见天道。其出弥远，其知弥少。
> 是以圣人不行而知，不见而明，不为而成。

《道德经》第四十七章，“不出户，知天下；不阙牖，见天道”。老子说，真正的有道之士不需要走出自家的门户就可以预知天下局势的走向变化，通晓人间世事的未来发展。当然，这仅仅是一个比喻，实际意思是说有道之士不需要亲自去体验，就已经可以预知世间万事会朝什么方向发展了。正所谓“秀才不出门，能知天下事”。这样的技能，恐怕无论在古代还是现代，都是我们每个人想要掌握和学习的吧？《道德经》讲解的就是这项“技能”。老子告诉我们可以运用大道的中道和阴阳的生克转化来研判世事的发展。

“其出弥远，其知弥少”。老子说，我们走出去越远，体验的越多，我们距离大道的真相就会越远。很多朋友会质疑，不是说要读万卷书行万里路吗？怎么会“其出弥远，其知弥少”呢？这里我们要知道，此处老子所指的“知”是大道、天道，而不是现实中所谓知识和经验。他所阐述的寓意是当我们经历越多，见识越多，积累的阅历越多，心中的“有”就会越多，“无”就会越来越少。出世间法上，“有”越多，对尘世的“染着”越多，距离清静空无的大道就会越远。世间法上，“有”越多，遇事就越容易陷入自以为是的经验主义，越容易落入阴阳二元偏执。当我们需要对某事做出判断时，我们会优先依赖自己的经验，不愿听取他人的建议。因为我们自认经历的比他人多得多，他人不如自己。

此处，我们借助证券交易的案例来辅助理解。证券交易中非常重要的一点就是保持分析判断的客观独立性。很多朋友在股票交易中，热衷于“渠道消息”，执着于专家建议，被市场变化所左右，实际上这都是“其出弥远，其知弥少”的表现。当我们接收了越多的外部信息，我们就越自认为具有信息优势，从而做出草率的决定。这种状态下的我们也更容易按照他人的思路行事，落入他人设计好的“陷阱”。

大道至简，复杂的市场交易背后其实蕴藏着最简单的道理。我们只需要在价格显著低时买入，随后以理性的心态，耐心地等待阴阳转化，等到价格过高、出现泡沫时卖出即可。这种低买高卖就是对阴阳生克转化的基本利用，是对周期变化的无为应用。

但是，需要提醒大家，这里的“无为”并非“不为”。对于金融市场以及企业运营管理的专业知识，我们还是需要全面学习掌握的，否则我们将无法判断资产的周期、质量的优劣以及当前估值的准确性。要知道，一项资产的价格会受到多类周期的同时作用，我们需要进行综合判断。很多时候，价格走低是因为行业周期或者企业发展的周期走向尾声，这时候的低买行为则是毫无意义的。

投资中另一个重点就是避免频繁关注盘面。大部分散户朋友乃至很多基金经理都是缺乏定力的，也就是说不具备中道思维，这会导致他们非常容易受到盘面变化的影响。要知道盘面价格的涨跌，实际上意味着盈利和亏损，这极其容易影响操盘人的心态。而无论操盘人的心态是喜是悲，都会影响自己做出理性的判断。资本市场中，如果一个人能够清静无为，不被市场的阴阳变化所影响，善于把握阴阳变化的周期，那么他就会非常容易赚到金钱。此处，我们倡导避免频繁关注盘面，只是为了让自己尽可能不受阴阳变化的影响罢了。

"是以圣人不行而知，不见而明，不为而成"。最后老子总结说，有道之士通晓了大道，掌握了阴阳生克变化，在他们眼中所有的世事都是有道可循的，不需要亲自去实践体验，就可以轻易地根据事物当前的状态而判断未来的发展趋势。因为万物皆从道中来，皆遵循阴阳生克转化的法则，无一例外。所谓"不行而知，不见而明，不为而成"，只是因为有道之士洞悉了这套真理法则，顺势而为，道法自然的结果罢了。

【第四十八章】

> **为学日益，为道日损。损之又损，以至于无为。**
>
> **无为而无不为。取天下常以无事，及其有事，不足以取天下。**

《道德经》第四十八章，"为学日益，为道日损。损之又损，以至于无为。无为而无不为"。老子说，对于世间法的知识、技能、经验来说，我们需要勤奋地学习，每天都要比前一天有所进步，并且要活到老学到老，可谓"博学之，审问之，慎思之，明辨之，笃行之"。但是，"为学"的内容是世间法，是有为法，有为法是有生有灭、不可持续的。当生命终结的那天，我们此生的"为学"就结束了，我们也就无法再用自己的所学为这个世界作出贡献了。那么"为学"重不重要呢？重要。它是我们了解大道，思索大道，修证大道的有效路径。但是，当我们获得真理后，还需要"为学"吗？自然不需要了。

接下来，老子说，对于"为道"的出世间法而言，方法与"为学"恰恰相反。修证大道讲求的是每日要"减损"。减损什么呢？是对世间一切事物概念现象的分别、依着和执念。因为大道的本源是湛然清净的，身上的负担越重，分别、执着就会越多，距离回归大道就会越远。所以，老子说"为道日损"，并且要"损之又损"，以到达无为的境界。我们每日都要进行"减损”的修行，起初我们可尝试通过“静修”来放松紧张的身心，减少意识中繁杂的思绪，逐渐放下对万缘的攀执，尝试让一切保持自然，这种自然是既不会随着思绪向外去追逐对境，也不会向内去迫使自己停止念头。这就是老子所说的涤除玄鉴的过程。当这种状态变得逐渐稳定后，我们就可将其融入日常的思维和行止中，使自己时时刻刻处处居于清静、明澈、觉醒之中，以达到“复归于婴儿”的“无为”状态。

如《常清静经》所说，“观空亦空，空无所空。所空既无，无无亦无。无无既无，湛然常寂。寂无所寂，欲岂能生？欲既不生，即是真静。真常应物，真常得性。常应常静，常清静矣”。当我们减损到连“减损”的概念没了，“大道”的概念没了，“无为”的概念没了，“空寂”的概念也没了，那个时候没有一丝一毫的欲望和妄念，也就达到了真正湛湛澄澄的清静本“一”。当我们回归了本源，与大道融为一体时，自然而然能够成就一切功德，达到无生无灭、无增无减、不垢不净、无为而能无所不为的境界。

这里我们再次强调，“为道日损……以至于无为”，并不是什么都不做的不为。什么都不做的不为，实际上是懒惰和散漫。为学时我们要精进“增益”，为道时我们则要精进“减损”。如果将“无为”理解为消极“躺平”的“不为”，把“无为”当作懒散的借口，那我们就曲解了老子的本意，走上了歪路，是借无为之名而行懒惰之实了。

“取天下常以无事，及其有事，不足以取天下”。老子继续说，对于出世间法的大道修行而言，我们要讲求“无为而修”。对于世间法的修身、齐家、治国、平天下而言，我们同样要讲求“无为而治”。我们以空无之心、不抱持任何目的来治理国家、安定天下，仿佛水一样“利万物而不争”，一切作为以利世利民为中心，自然而为。这是真正的“生而弗有，为而弗恃，功成而弗居”，如此“无事无为”，天下的百姓将会自动前来归附，国家也将自然而然地呈现出盛世景象。

【第四十九章】

> 圣人无常心，以百姓心为心。
>
> 善者，吾善之；不善者，吾亦善之，德善。
>
> 信者，吾信之；不信者，吾亦信之，德信。
>
> 圣人在天下，歙歙焉，为天下浑其心。百姓皆注其耳目，圣人皆孩之。

《道德经》第四十八章，老子说，“取天下常以无事，及其有事，不足以取天下”。圣人应以“生而弗有，为而弗恃，功成而弗居”的态度，以无为无事来取得天下。取天下如此，治理天下亦应如此。

在第四十九章，老子说，“圣人无常心，以百姓心为心”。有的版本此处是“圣人常无心，以百姓心为心”。我们依旧采用“以经解经”的方式来领会老子的真正意图。结合《道德经》第二章，“是以圣人处无为之事，行不言之教；万物作而弗始”，老子说，圣人不会以“有为”之心来治理天下，他的一切作为都奉行“无为”之道，一切教化都奉行“无言”之教。所有的作为皆是自然无为，为众生不辞辛劳地奉献自己，毫无自私自利之心，毫无居功自傲之意。

老子说“以百姓心为心”，其实对于圣人而言，这里的百姓不仅仅指人类，而且指世间众生，圣人所有行为的出发点都是众生。因为大道本自一体，为众生就是为自己，为自己就是为众生，实无自己与众生之分。无私就是自私，自私就是无私，没有自私与无私之分。一个人如果自私，其实就是无私，如果想要无私，那么就要自私。

“善者，吾善之；不善者，吾亦善之，德善。信者，吾信之；不信者，吾亦信之，德信”。正是因为大道本自一体，阴阳本自一体，众生本自一体，所以圣人也没有丝毫分别之心。在圣人的眼里，不会有“善者”和“不善者”的分别，不会有“信者”和“不信者”的分别。对于善良的人，圣人善待他们；对于不善良的人，圣人同样善待他们。对于有信义的人，圣人相信他们；对于没有信义的人，圣人同样相信他们。这是真正符合大道的“德”行。

“圣人在天下，歙歙焉，为天下浑其心。百姓皆注其耳目，圣人皆孩之”。老子说，圣人能够融合阴阳为一体，包容万法万象，天下众生在圣人眼里都是无二无别的。无论好和坏、优和劣、善和恶、美和丑，圣人都会以无差别的方式对待他们。对众生，圣人都会本能地将其视为自己的孩子，善待他们。这种“为天下浑其心”“圣人皆孩之”是真正的治国理政之道。

有的朋友会说，如果这样，我们不会被坏人利用、欺辱吗？不会吃亏吗？当我们有这样的想法时，表明我们的身心依旧陷于阴阳的二元偏执中，意识中早已经有无数个“分别”存在了，如“我”和“他们”、“欺骗”和“被欺骗”、“吃亏”和“受益”。以分别之心来评判，我们是无法做到“无为”的，更不可能理解“无不为”的境界。

世间万事万物皆有阴阳，没有一个物象是独阴独阳的，善人有恶的一面，恶人也有善的一面。我们现在之所以是凡夫不是圣人，就是因为被这种善恶的表象所迷惑，沉迷于二元偏执无法出离，所以陷入种种忧悲苦恼之中。若我们真正领悟了大道，领悟了万法万象本是无生无灭的清净湛然，我们根本就不会问出“是否被人利用”的问题。因为一切皆是本然，没有任何疑虑。

因此，我们仅仅知晓大道的理论是不够的，还需要亲自去实践。我们要学会自净其意，锻炼自己的心绪平静而不被扰动。当不顺利的事情发生时，我们要尝试学会合于阴阳，理性接受，坦然面对，练习让自己保持自然地安住。我们可以告诉自己，此刻正是我们磨炼心性、提升自我修养的良机，眼前的一切恰恰是我们成长和进步的基石。一切物来顺应，未来不迎，当时不杂，既过不恋。

【第五十章】

出生入死。生之徒，十有三；死之徒，十有三；人之生，动之于死地，亦十有三。夫何故？以其生生之厚。

盖闻善摄生者，陆行不遇兕虎，入军不被甲兵；兕无所投其角，虎无所用其爪，兵无所容其刃。夫何故？以其无死地。

世间的万事万物由阴阳和合而生，阴与阳相生相克，相互转化。这种阴阳的转化形成了无数个“周期”，万事万物都在周期中不停地转化。人的肉身也一样无法脱离周期的法则，自然呈现出生老病死的现象。

《道德经》第五十章，老子将矛头转向生与死的问题。他说，“出生入死。生之徒，十有三；死之徒，十有三；人之生，动之于死地，亦十有三”。这一段文章的含义相对抽象，我们需要结合第二十五章的内容来辅助理解。《道德经》第二十五章讲，“道大，天大，地大，人亦大。域中有四大，而人居其一焉。人法地，地法天，天法道，道法自然”。世间大域中，有四大，包括道、天、地、人。天地有阴阳，乾坤有阴阳，生死有阴阳，人存活于世，也有阴阳。

大道好比一个天平，是那个整体的“一”，大道自身占了十分之一的重量。“阳之生”和“阴之死”各执天平的一端，各自的砝码拥有十分之三的重量，即十分之六。“人”的砝码也拥有十分之三的重量。这样，整个天平的质量就是完整的“一”。每个人来到世间，各自持有的砝码是确定的重量，但是我们作为“人”，有一定的主观能动性，可以自主地选择在阴与阳的两端增减砝码。换句话说，我们当下的主观意愿和行为可以在一定程度上影响天平更加偏向“生”或者偏向“死”，继而延长自己的寿命或者加速自己的死亡。此处我们不做过多详解，建议大家品读袁了凡先生的《了凡四训》，可以更好地了解这个“人之生，动之于死地，亦十有三”的道理。

很多人会认为佛道两家存在“宿命论”的思想。读到这一章内容，我们就会知晓，“宿命论”其实是我们将注意力集中于观察“这一生”的短周期而导致的结果。也就是说，我们只关注了初始阶段砝码的数量以及天平的倾斜，忽视了自有的“十分之三”的砝码。而当前自有砝码的摆放又会影响到后期整个天平的倾斜。

我们时而会认为人生一切都有“定数”，都是被“安排设计好的”。但是，当我们跨越多个周期，我们会发现生死、富贵、贫贱，一切的果都是过往我们自身的因造成的。如果我们的行为作用合乎道德，那么结果自然吉祥如意。如果我们违背阴阳，那么结果自然是不得善终。

看到这里，很多朋友想必还会感兴趣地问，我们应该如何更好地发挥人自身的十分之三的作用，长命百岁呢？参考《黄帝内经》，“上古之人，其知道者，法于阴阳，知于术数，食饮有节，起居有常，不妄作劳，故能形与神俱，而尽终其天年，度百岁乃去”。答案还是“无为”。我们内心清静空明，合于大道，所有作为皆能顺应阴阳周期变化，以无事取天下，以无为治天下，以百姓心为心，慈悲众生就是“答案”。如果做到这一点，我们会发现，“无为”的“无作用”就可以发挥出“有为”的“有作用”。我们不仅可以发挥自身“十分之三”的作用，甚至连大道、生、死的那“十分之七”，亦可以为我们所用。

“盖闻善摄生者，陆行不遇兕虎，入军不被甲兵；兕无所投其角，虎无所用其爪，兵无所容其刃。夫何故？以其无死地”。所以老子说，善于把握“生”之道的人，即通达“无为”的有道之士。他们外出远行时不会遭遇凶兕[①]和猛虎这一类猛兽。他们从军打仗时不会遭遇敌军和战事。这是多么幸运的事啊！为什么会这样呢？因为有道之士清静无为，一切行为皆合于道德，合于天平的“一”。无论天平偏向哪一端，那个整体“一”是永恒不变的。他们已然超越了生死，根本不会遭遇凶险之事。纵使遇到凶事，兕无法用角来顶撞他，虎无法用爪牙来撕咬他，敌人的兵刃也无法伤害到他。因为他们已经将自身融合于清静的大道，有形的伤害根本无法作用于无形的清静空明，就好像我们用刀挥砍空气，空气不会受到丝毫伤害，也无法受到丝毫伤害。

【第五十一章】

> 道生之，德畜之，物形之，势成之。是以万物莫不尊道而贵德。道之尊，德之贵，夫莫之命而常自然。
>
> 故道生之，德畜之，长之育之，亭之毒之，养之覆之。[生而不有，为而不恃，长而不宰，是谓“玄德”]。

《道德经》第五十一章，老子继续阐述关于生命的话题。在这一章中，他将为我们揭示生命起源的秘密、生命与“道德”之间的关系以及“人之生，动之于死地，亦十有三”背后的逻辑。

“道生之，德畜之，物形之。势成之。是以万物莫不尊道而贵德。道之尊，德之贵，夫莫之命而常自然”。老子说，世间万物的生命都是从“道”中来，“道”是一切生命、事物和现象的本体，它是清静、空明、无为的存

① 兕（sì），古代犀牛一类的兽，形状似牛，全身黑毛，头上长有一只角。

在。道体本身无有分别，是阴阳共同属性的合一，就如量子力学里的“波粒二象性”，具有“波”属性的无形，又具有“粒”属性的实相。

然而，当“分别”作用一起，“分别”即产生“阴阳”，“阴阳”交互而产生“实相”，同时“分别”与“分别”之间、“阴阳”与“阴阳”之间、“实相”与“实相”之间又可以相互作用，彼此不断累加相互影响，从而衍化出更加复杂的物质和现象。大道自身具有融合平衡阴阳的功能，继而发挥冲气以为和的调节作用，至此发生了阴阳的生克转化现象。而这种阴阳的生克转化就形成了“势”。这个“势”是一种无形且不可逆转的力量，它来自本体的道德。很多人会将这种力量解释为“命运”，实际上，“势”是由大道主导的。“生之徒，十有三；死之徒，十有三”，就是“势”的表现。上一章我们讲过，究极起因，这一切都是我们自身过往的作为造成的，是我们自身的分别作用导致的。我们造了“因”，产生了阴阳，大道的“势”发挥“冲气以为和”的力量，继而产生了所说的“果”。

老子讲述这一切，其实是要告诉我们，虽然我们身处阴阳大势之中，但是不可以被阴阳的表象所迷惑。阴阳大势的本体依然是“道”，分别是道，阴阳是道，实体是道，势也是道，大道不生不灭，不增不减，从未改变，永远是清静空无的存在。这就好比大海中的浪花，我们看到浪花翻涌，感叹潮起潮落，但是浪花的本质仍然是水，水的本质从未改变过。我们是可以通过自身“十分之三”的作用从翻涌浪花的表象回归清静之水的本质的。

接下来，老子说，“万物莫不尊道而贵德。道之尊，德之贵，夫莫之命而常自然”。世间万事万物从道中来，道是本源所在，归根结底，道是道，德是道，物是道，势也是道。世间有且只有一个本源，那就是道，就是所谓心物一元。既然是心物一元，“本来无一物，何处惹尘埃”？我们能做的只是放下万缘，不再主观营造新的分别，不再产生新的阴阳，一切顺势而为、顺其自然罢了。人法地，地法天，天法道，道法自然。

那么我们应该如何效法大道，顺其自然呢？老子说，“故道生之，德畜之，长之育之，亭之毒之，养之覆之。生而不有，为而不恃，长而不宰，是谓‘玄德’”。这几句话属于老生常谈。大道生育天地，运行日月，长养万物，但是它自身没有“主观”的思想，没有“造作”的欲念，始终保持永恒的清静状态，不认为是“我”创造了这个世间，也不会认为这个世间为“我”所有，不会自恃有任何功劳，更不会想要主宰天下的万事万物。生也罢，死也罢，不过是大道的阴阳作用变化而已，本体实则毫无动摇，一切都是理所当然。这是真正的清静无为、真正的道德，我们应该如是效法大道。

【第五十二章】

> 天下有始，以为天下母。既得其母，以知其子；既知其子，复守其母。没身不殆。
>
> 塞其兑，闭其门，终身不勤；开其兑，济其事，终身不救。
>
> 见小曰“明”，守柔曰“强”。用其光，复归其明，无遗身殃。是为“袭常”。

《道德经》的第五十章和第五十一章，老子一直在讨论生命的话题，阐述了生命的起源、形成以及“出生入死”的过程。现在我们已然知晓世人最关心的生死问题，其本质不过是基于清静大道的阴阳变化罢了。只是世人依赖“分别性”的感官来进行评判，无从深入理解，所以执着于这个“生死”的表象。就大道本源而言，根本无所谓生，亦无所谓死。老子劝诫我们不要被生与死的假象所迷惑了。

《道德经》第五十二章，“天下有始，以为天下母。既得其母，以知其子；既知其子，复守其母。没身不殆”。老子说，寰宇世间第一义的本源具有生养万事万物的母性，这个母性就是“大道”。我们理解了“大道”，就知晓了天下万物的奥秘，就会明白世间万象并非永恒，而是有生有灭的阴阳变化。我们应该从中超越出来，通过精进修证回归母性本源，回归那个不生不灭、不垢不净、不增不减的大道。

那我们应该如何修证呢？第十六章讲，“致虚极，守静笃。万物并作，吾以观复。夫物芸芸，各归其根。归根曰‘静’，静曰‘复命’。复命曰‘常’，知常曰‘明’”。老子说要守静，静到了极点，空到了极处，达到静无所静、空无所空的状态时，我们就能回归大道的根源。

那么如何能够静下来呢？老子说，“塞其兑，闭其门，终身不勤；开其兑，济其事，终身不救”。老子说，要懂得闭与塞的方法，“兑”字有“掺和”的含义。这里的“塞其兑”“闭其门”并不是说我们要在客观上将自己完全封闭起来，而是我们要管理好自己的心，磨炼自己的心不为一切变迁所扰动。我们的心不会因外境随波逐流，也不会向内压抑自己的思绪。这也是前文老子说，“五色令人目盲，五音令人耳聋，五味令人口爽，驰骋畋猎令人心发狂，难得之货令人行妨。是以圣人为腹不为目。故去彼取此”的深层道理。此句的“终身不勤”并非指什么都不做的懒惰行为，而是指如果我们做到塞其兑、闭其门，那么我们的内心就可以安住在清静无为之中，不会再被世间烦琐的奔波劳碌所困扰了。反之，如果“开其兑，济其事”，那么就会终身不救。若是我们执迷于外在的物象追求，贪图感官上的享受，我们就将持续地陷入阴阳转化之中，终日劳苦忧恼，无法脱离。

看到这里，我们会发现《道德经》阐述的内容似乎皆是“反人性”的。有的朋友会说如果什么都无所求，那人生多无聊，还有什么意思呢？这个问题我们可以从出世间法和世间法两个角度来分析。

从出世间法来看，我们现在追求世间的所谓种种快乐，其实是极其“微小”的快乐，仅仅是感官的满足罢了，这与回归大道本源的清净湛然的“大乐”相比是微不足为道的。只是我们从未体会过那种“大乐”，所以执迷于世间的“小乐”。但是我们可以为了“大乐”而修道吗？如果我们是为了所谓“大乐”而去修，那就又走偏了。因为我们又有了新的欲望，又落入新的二元偏执，去执着“大乐”了。我们要做的以及能做的仅仅是放下，内外无求，是非两忘，一切顺其自然，大道自发挥“冲气以为和”的作用，如是清静喜乐将自然而生。

从世间法上看，假设我们要追求世间法的成就，那么我们也要从与人性相反的方向入手。我们会发现，真正事业有所成就的人，也都是善于“反人性”的人。他们敢于挑战“困难”的道路，敢于走出“舒适圈”承受风险，他们精于自律，勤于学习，更懂得分享。而帮助他人、利益他人获得的喜悦是发自内心的，是无以言表的，是长期持久的，是权位和财富无法比拟的。这一点，我们可以在善行和利他的实践中去亲身体会。

“见小曰‘明’，守柔曰‘强’。用其光，复归其明，无遗身殃。是为‘袭常’”。第三十四章老子说，“衣被万物而不为主，可名于‘小’；万物归焉而不为主，可名为‘大’”。这个“小”指的是大道“清静空无”的属性。老子说，领悟了大道的“清静空无”，才算是明道。学会了像水一样的“柔弱”，才算是真正的强者。如果我们做到这两点，以清静持心，以柔弱持行，“和其光，同其尘”，那么我们就可以回归大道本源。待我们真正明道之后，一切无为而无不为，则可以无遗身殃。我们再也不会被世间的忧悲苦恼所困扰，届时我们自然能够体会到什么是真正的喜乐光明。

【第五十三章】

> 使我介然有知，行于大道，唯施是畏。
>
> 大道甚夷，而人好径。朝甚除，田甚芜，仓甚虚；服文彩，带利剑，厌饮食，财货有余，是为盗夸。非道也哉！

《道德经》第五十三章，“使我介然有知，行于大道，唯施是畏。大道甚夷，而人好径”。老子说，既然“万物莫不尊道而贵德”，那么我们就应该效法大道，凡事以“道”和“德”作为标尺。

大道“生而不有，为而不恃，长而不宰，是谓‘玄德’”。这本就是一种无为的奉献，是无私的，没有任何占有欲，没有任何自恃的功劳，没有任何主宰的念头，这也是最值得我们敬畏的地方。倘若世人能够遵道而行，顺德而为，按照道德指引的方向走下去，我们的人生必将安顺和泰。然而，世人能做到吗？恰恰相反，我们放着安全平坦的康庄大道不走，偏偏喜欢走那条坎坷、危险、颠簸的小路，并且自认为那是成功的捷径。这真是本末倒置啊！

“朝甚除，田甚芜，仓甚虚；服文彩，带利剑，厌饮食，财货有余，是为盗夸。非道也哉”！老子说，阴阳生克转化的法则是“反者，道之动；弱者，道之用”，凡事都是施而后有，舍而后得。但是世人却颠倒黑白，大多数人遇事优先想到的还是自己的利益，希望尽快或者直接将他人的财富收入自己的腰包。只有极少数人能够懂得给予和分享的真实意义，愿意坚持利他的行动。我们回看历史，哪怕是在朝野昏暗、土地荒芜、国库空虚、民不聊生的艰难时刻，依旧有人身着奢侈华丽的衣服，佩戴锋利的宝剑，独享丰盛的食物，不停地囤积财货，增加“自己”的财力。

老子说，这样的人简直就是强盗窃贼啊，行为举止完全背道而驰，这样的人结局必定是悲凉的，他们即将大祸临头却不自知。这些人不曾领会道与德的原理，盲目追逐自身的欲望，不懂得平衡阴阳，不知道布施分享，已经把自己逼到了非常危险的地步。国家社会到了这个阶段，阴与阳的转化之势即将到来，贪婪之人却依旧在牟取自己的私利。殊不知此时的自私，就是彼时的无私，处心积虑搜刮的财富在不久之后就会被重新分配。

现如今，如老子所说的这种人越来越多，追求权力和财富也已经成为很多人的终极目标。我们以公司上市为例，实际上，企业上市的本质只是一种融资方式，目的在于帮助企业获得资金从而更好地发展，更好地为社会大众服务。然而，当今时代，公司上市似乎成了获取财富的捷径，沦为很多人快速套现的工具，更有甚者，利用所谓市值管理进行内幕交易，利用财务造假蒙骗中小股东，利用虚假宣传手段愚弄投资者，这些企业就是现如今的强盗窃贼！莫看强盗窃贼的“有为法”一时得逞，“天网恢恢，疏而不失”，阴阳法则真实不虚，最终的结果自他们的自私行为开始时就已经注定了。终有一日他们要为自己的行为“还本付息”，付出成倍的代价。大道“独立而不改，周行而不殆”，这是因果报应的真谛。

改革开放四十余年，许多人依靠自己的拼搏实现了财富自由，很多人凭借自身的勤奋努力拥有了权力。注意啊，当我们站在人生“巅峰”的时候，恰恰是需要异常警惕审慎的时刻。阴阳之势时刻在发生变化，我们应懂得“大盈若冲”“唯施是畏”，要知道“甚爱必大费，多藏必厚亡”。

【第五十四章】

> 善建者不拔，善抱者不脱，子孙以祭祀不辍。
>
> 修之于身，其德乃真；修之于家，其德乃余；修之于乡，其德乃长；修之于邦，其德乃丰；修之于天下，其德乃普。
>
> 故以身观身，以家观家，以乡观乡，以邦观邦，以天下观天下。吾何以知天下之然哉？以此。

《道德经》第五十三章，老子告诉我们，“行于大道，唯施是畏”。这个“唯施是畏”实际上就是“财富之道”，是我们在世间获取财富、守护财富的根本法则。在获取财富时，我们要先舍而后得，唯有先行投入，设计开发出优质产品，帮助他人解决问题，而后才能从他人处获得相应的回报。在守护事业基业时，我们要学会施而后有，懂得大盈若冲、知足知止、阴阳平衡，善于通过布施将财富分享给他人，回馈员工、客户、合作伙伴、国家和社会。只有这样，我们才有机会保住自己的财富，乃至进一步增益自己的财富，此乃真正的“财富之道”。

《道德经》的第五十四章，老子开始讲解“管理之道”。“道德”之用本来就是最为核心最为深奥的“管理学”。很多企业家读商学院，不论攻读DBA也好，EMBA也罢，学习企业管理，了解如何降低成本，如何增加利润，如何开展市场营销，如何发展人力资本，如何搭建组织架构，这些其实都是有为之法，是管理学的“形”罢了。真正的“神”在于“道”和“德”，管理的根本在于“人”，这一点，老子在千年以前就告诉我们了。

“善建者不拔，善抱者不脱，子孙以祭祀不辍”。老子说，真正善于建造的人不会去破坏事物的原有形态，他们善于保持事物的本然状态，充分利用事物自身的优势，在此之上调节，从而创作出完美的作品。真正善于抱持的人，不会人为地改变事物固有的形状，不会刻意去模仿他人的姿态，他们善于利用事物的自身形状和本然特征将其拥有，使其不会从手中流失，这是“自然之道”。

《庄子》中有一则《庖丁解牛》的故事，“今臣之刀十九年矣，所解数千牛矣，而刀刃若新发于硎。彼节者有间而刀刃者无厚，以无厚入有间，恢恢乎其于游刃必有余地矣。是以十九年而刀刃若新发于硎”。故事说庖丁的刀已经用了十九年，所宰的牛有几千头之多，但是刀刃依旧锋利得像刚磨过一样。梁惠王问庖丁，为什么会如此呢？难不成你有什么神奇的技巧吗？庖丁说，并非如此，只是我善于利用牛筋脉骨肉的特性顺势而为罢了。

以现实为例，现实中的管理者大多喜欢自己小圈子里的人，重用支持自己的人，排挤反对自己的人。这就好比公司里大多数是君子，只有个别小人。是不是我们把小人排挤掉或者开除掉，公司里就全是君子了呢？我们知道，阴与阳是共生共存的，不可能消除一面而保留另一面。当我们把小人全部开除的时候，公司里会立刻产生新的小人，可能是新引入进来的人，也可能是原来的君子变成了新的小人。真正的智者根本不会有君子和小人的分别，更不会开除所谓小人，反而是让每个人为己所用。因为每个人都有自己的阴阳，都有君子的一面，都有可以发挥作用的一面。

这一点，我们可以从历史中吸取诸多经验教训。大明嘉靖皇帝治国理政期间，严党和清流相互制衡，当贪污的严党被铲除掉后，清流就成了棘手的“大问题”。大清嘉庆皇帝利用广兴铲除和珅，然而铲除和珅之后，广兴也日渐腐败坠落，成为大清的第二个“和珅”。一个优秀的管理者是承认阴阳共存的，是善于调节阴阳平衡的，一切存在的现象，他都认为是合理的，不会予以排斥。

真正的善者是包容的，在他们的眼中，没有所谓好或坏、优或劣，一切都是道法自然。不论是阴盛阳衰还是阳盛阴衰，他们都无所谓，凡事只需要借势而行、顺势而为罢了。就好比股票交易中，牛市时我们通过做多获利，熊市时我们通过做空赚钱。在真正的交易高手眼中，并无所谓牛市或者熊市，无论哪种状态，都可以获利，这就是中道的体现。老子说，“子孙以祭祀不辍”，如果我们懂得了这个道理并能够世代传承，那么我们的家业和事业将会永远昌隆兴旺。

“修之于身，其德乃真；修之于家，其德乃余；修之于乡，其德乃长；修之于邦，其德乃丰；修之于天下，其德乃普”。老子说，如果用“道德”来修身，那么我们的精神将充满德行，身心会健康愉快；如果用“道德”来齐家，那么我们的家庭将子孙满堂、和睦幸福；如果用“道德”来治理一个区域，那么这个区域将门庭若市、兴旺发达；如果用“道德”来治理一个国家，那么这个国家将欣欣向荣、繁荣昌盛；如果用“道德”来治理天下，那么天下的百姓将自行前来归顺，呈现出一片和顺安泰的景象。

“故以身观身，以家观家，以乡观乡，以邦观邦，以天下观天下。吾何以知天下之然哉？以此”。老子说，我们要时刻反观反省自己，修身时是否合乎“道德”？齐家时是否合乎“道德”？治理国家时是否合乎“道德”？治理天下时是否合乎“道德”？如果我们真能做到如此，将道德融于我们的生活、学习、工作之中，那么我们就可以做到“不出户，知天下；不阙牖，见天道”。老子说，世人问我是如何预知世事变化，通达天道真理的。其实很简单，因为我真正实践了恪守道德、时刻反省，让自己时刻处于清静无为的境界，事事遵循道法自然罢了。

【第五十五章】

> 含德之厚，比于赤子。毒虫不螫，猛兽不据，攫（jué）鸟不搏。骨弱筋柔而握固，未知牝牡之合而朘（zuī）作，精之至也。终日号而不嗄（shà），和之至也。
>
> 知和曰常，知常曰明。益生曰祥，心使气曰强。
>
> 物壮则老，谓之不道。不道早已。

《道德经》第五十五章，老子将向我们介绍明道的机理、利益以及修道的必要性。“含德之厚，比于赤子”。他说，真正的得道之人、厚德之人，即证悟道体之人，善于德用之人，就如同婴儿一般自然、纯洁、质朴。

老子非常喜欢用“婴儿”和“水”来打比方，认为他们是世间最接近于“道”的存在。第十章中老子说，“专气致柔，能如婴儿乎？”第二十章，“沌沌兮，如婴儿之未孩；儽儽兮，若无所归。”第二十八章，“为天下谿，常德不离，复归于婴儿。”为什么婴儿的状态接近于“道”呢？因为刚出生的婴儿是纯洁无瑕的，尚未受到世俗习气的侵染，思维中尚未产生任何概念定义，也没有丝毫分别和执着。他们开放包容地对待周遭一切事物，没有欲望也没有企图，他们所有的行为都是自然而然。但是随着年龄的增长，感知了外部环境，接受了世间教育，他们会逐步累积种种分别执念，诸如什么是好和坏，什么是对和错，什么是安全和危险，什么是高兴和痛苦，等等，于是就与清静无为的大道渐行渐远了。

老子说，“含德之厚”的有道之士如同婴儿一般，各种毒虫都不会蜇刺他，凶狠的野兽不会攻击他，凶蛮的猛禽不会伤害他。这一部分与第五十章的内容是同一个道理。第五十章中老子说，“盖闻善摄生者，陆行不遇兕虎，入军不被甲兵；兕无所投其角，虎无所用其爪，兵无所容其刃”。为什么有道之士不会受到这些伤害呢？因为有道之士清静无为，已经和光同尘，与大道融为一体，与环境融为一体。众生尽在道中，本就是道，有道之士本与众生合为同类，所以不会受到任何伤害。

对此，在《庄子·大宗师》中也有相应的描述。“何谓真人？古之真人，不逆寡，不雄成，不谟士。若然者，过而弗悔，当而不自得也。若然者，登高不栗，入水不濡，入火不热。是知之能登假于道者也若此”。证悟大道的人，没有私欲，没有造作，没有骄傲自恃，没有曲意迎合，一切皆顺应自然而为，内心不受外境的影响，登高而无惧，入水而无逆，入火而不灼。

“骨弱筋柔而握固，未知牝牡之合而朘作，精之至也。终日号而不嗄，和之至也”。接下来老子说，婴儿刚出生时非常弱小，骨弱筋柔，皮肤吹弹可破，握拳时，手掌的四指自然地将拇指握在手心。婴儿在思想上也没有男女的性别之分，更没有男女的欲念，但是生理机能却自然而然地发挥作用。他们可以终日号哭，声音却不会嘶哑，仿佛拥有消耗不完的精力。老子提出疑问——为什么婴儿能够如此呢？这是因为婴儿的意识清静近乎纯一、身心自然少有分别、精气至盈至纯的原因，也是婴儿有无相合、阴阳平衡为一的原因。

“知和曰常，知常曰明。益生曰祥，心使气曰强”。老子说，大道“冲气以为和”的功能本质上无阴阳的分别，是阴阳共性的统一，即清静无为。我们知晓了这个道理才算明白了大道无生无灭的奥秘，才算是真正明白四达。随后，我们以此来修身养性，自然会受益无穷，人生必定吉祥如意。那么我们能做到吗？老子继续说，“物壮则老，谓之不道。不道早已。”反观世人，我们深陷于自我，凡事通过“有为”来证明自我，扩充自我的欲望，追逐自我的满足，贪图名闻利养的享受。我们无时无刻不在消耗自己的精、气、神，乃至随着年龄的增长，身体越发地僵硬，早早地走向衰老、疾病和死亡。

《黄帝内经》中黄帝曾问岐伯，为什么上古之人年过百岁动作不衰，今时之人年过半百身体就衰老了呢？岐伯回答，“今时之人不然也，以酒为浆，以妄为常，醉以入房，以欲竭其精，以耗散其真。不知持满，不时御神，务快其心，逆于生乐，起居无节，故半百而衰也”。

老子说，我们不要自恃现在年富力强、身强力壮，就认为这种状态可以永久持续下去。万事万物的背后都暗藏着阴阳之易，有阴阳即有兴衰生死，任何事物达到“强壮”后就会走向衰落。为什么我们看不到呢？我们应时常思虑自己的人生旅程，告诫自己阴阳无时无刻不在变化，应该尽早修习道德。

【第五十六章】

> 知者不言，言者不知。
>
> （塞其兑，闭其门，）［挫其锐，解其纷，和其光，同其尘，］是谓“玄同”。
>
> 故不可得而亲，不可得而疏；不可得而利，不可得而害；不可得而贵，不可得而贱。故为天下贵。

《道德经》第五十五章，老子说“含德之厚，比于赤子”。真正通达“道之体”和“德之用”的人就仿佛刚出生的婴儿一般，他们清静无为，“冲气以为和”，俨然与天下众生万物融为一体，不受阴阳生克转化作用的影响。老子劝诫我们修习道德，不要执迷于世间的名利，浪费了宝贵的人生。

那么我们应当如何修习呢？前文曾有过介绍，本章老子又进行了更进一步的阐述。老子说，“知者不言，言者不知”。真正知“道”的人是什么都无法说出来的，因为“道”本来就是不可说且说不得的。四处宣扬自己得“道”或者悟“道”的人，其实还未知“道”。为何？因为天下的真理只有“一”个，这个“一”就是“道”，这个“道”就是“一”。“道”的本体是湛然清净，除此之外的任何概念、意义、解释都是冗余，皆有二元的分别、执着。哪怕是我们现在研究和学习的《道德经》，还有老子命名和定义的“道”和“德”亦是如此。只要还有个“道”可悟、可证、可说，那就不是永恒的常道了。

有的人会问，如果按此推理，老子是不是也未得“道”啊？为什么还要定义“道”和“德”这些名词呢？为何还要写一部《道德经》呢？白居易也曾发问，“若道老君是知者，缘何自著五千文”。当然，现在我们已经知晓，老子著《道德经》的目的并非证明自己真正得“道”和“悟”道，而是出于圣人的慈悲，他不忍世人执迷于阴阳转化的假象，终日背负着人生的忧悲苦恼。他的根本目的在于教化众生，为我们提供一条认知真相的路径，是借“有为”的“道德”来向世人阐释“道德”的“无为”。这样的做法其本质正是大道“冲气以为和”的作用体现。因此，我们在学习《道德经》的时候，不可以真正认为有个“道”可修、可证。如若那般，就是错将“指向月亮的手指”误认为“月亮”了。

所以，到底有没有一个“道”可讲、可循、可修、可行呢？究竟义上是没有的，一切无为而清静。既然没有“道”可以修，我们又该如何修“道”呢？大道至简，老子说，只需要超越分别执着，舍弃概念，自然而然地安住就可以回归清静了。既然这么简单，我们能够做到吗？肯定是有难度的。这就如同吸了几十年香烟的人，一下子戒烟肯定是非常痛苦的。因为我们已经饱受世间各类习气的浸染，自身的执念已然太深。但是，能不能戒掉呢？肯定是能的。世上无难事只怕有心人而已。

老子接下来向我们讲解修证的方法，“塞其兑，闭其门，挫其锐，解其纷，和其光，同其尘，是谓‘玄同’”。这些内容老子在前文都有提过，此处他做了一个汇总。汇总之后，我们得到了一个核心的字，就是“损”字，“为道日损。损之又损，以至于无为”。我们逐渐减少内心与外界场景的交互，减少对感官刺激的欲求，减少与外在事物的纠纷，减少自身的“锐气”，因为这种“锐气”的本质是一种对“自我存在”的执着。当我们舍弃分别执着，放下所有的概念定义，随后我们会渐渐与万法万象融合为一，自然而然地“和其光，同其尘”。这就好比一丝光线回归光明，一粒尘埃回归厚德大地，已然成为一个整体，再也无法分别，这就是真正的玄妙大同，真正的大道本源。

“故不可得而亲，不可得而疏；不可得而利，不可得而害；不可得而贵，不可得而贱。故为天下贵”。老子说，当我们真正和光同尘，人与道合一了，什么是“亲”？什么是“疏”？什么是“利”？什么是“害”？什么又是“贵”？什么又是“贱”？一切物象、一切概念、一切感官、一切阴阳、一切分别都没有了，一切皆不可得，乃至“道”没有了，“德”也没有了。那最终剩下了什么呢？唯有一个“清净湛然”。这份“清净湛然”就是寰宇世间最宝贵的“道”。

【第五十七章】

> 以正治国，以奇用兵，以无事取天下。吾何以知其然哉？以此：天下多忌讳，而民弥贫；人多利器，国家滋昏；人多伎巧，奇物滋起；法令滋彰，盗贼多有。
>
> 故圣人云：“我无为，而民自化；我好静，而民自正；我无事，而民自富；我无欲，而民自朴。”

《道德经》第五十七章，老子将站在“道德”的角度为我们剖析国家及社会治理过程中出现的诸多难题、这些难题产生的内在原因，以及圣人治国、安民、平天下的具体方法。

“以正治国，以奇用兵，以无事取天下”。老子说，要用“正”来治国。那么什么是“正”呢？又如何“正”呢？其实这个“正”就是“道”，以正治国就是以遵循“大道”的方式来治理国家。第八章中老子说，“上善若水。水善利万物而不争……居善地，心善渊，与善仁，言善信，政善治，事善能，动善时”。真正的管理者，首先要学会像水一样，具备空无、包容的心态，懂得谦逊柔弱，自甘处于下位。他们没有丝毫分别心，不使用任何谋略手段。他们凡事光明磊落、尽心尽力，功成事遂而不自傲，自愿将功劳让于大众。他们的一切举止皆以服务众生为目标，一切利益皆让于众生，一切行为皆顺应阴阳，这就是清静无为的治国之道。

然而，到了用兵的时候，就要用“奇”了。发生军事战争时，我们就要反过来了，不能用“正道”。兵家讲求“奇术”“诡道”，如果我们在军事上依然采用正人君子的作风，那就要吃败仗了。因为“正道”与“诡道”也是一对阴阳，也要顺应阴阳生克法则。

《孙子兵法》有云：“凡战者，以正合，以奇胜。故善出奇者，无穷如天地，不竭如江河。”孙子说，打仗想要获得胜利，首先战争的目的（大周期）必须是合乎正义的，其次在战术手段（小周期）上要出其不意，攻其不备，战场上善于用“奇”的人，才能够战无不胜。这里我们再次强调，老子虽说以奇用兵，但不主张以兵强天下，以奇用兵是因为“奇”顺应了战争的阴阳法则。国家建立强大的军事力量，目的在于保护自己的国家和百姓免受他国觊觎和侵略，这是以戈止戈的策略。老子不主张利用强大的军事力量掠夺和侵犯他国，不赞成为了自己的私利而伤害众生。

如果不用军事力量取得天下，那应该如何取得天下呢？老子说，应该以无事取天下。“天下神器，不可为也，不可执也。为者败之，执者失之”。老子说天下这个东西，不是通过“有为”来取得的，要以无事、无为取天下。如果我们持有一颗“取天下”的心，那我们肯定是取不了天下的，天下归心是自然而然的。圣人“以正治国”，“生而不有，为而不恃，长而不宰”，我们只需要无私无畏地为天下百姓服务，利益众生，天下众生将自然归顺。获取天下，不需要冗余的策略，更不可能豪夺强取。

“吾何以知其然哉？以此：天下多忌讳，而民弥贫”。我为什么这样说呢？如果王侯治理国家，采取“有为”的方式，规矩越多，忌讳就越多；禁令越多，限制就越多，百姓就会越来越贫困。历史上一个伟大的王朝建立起来，大多会采用休养生息的方式，减免苛捐杂税，减少对百姓的限制，这样的无为之举，可以让百姓和国家自然而然地富足强大起来。光武中兴、贞观之治、洪武之治、康乾盛世都是非常好的例证。

“法令滋彰，盗贼多有”。一个国家颁布的法令法条越多，“盗贼”就会越多，这里的“盗贼”不仅指强盗和窃贼，也指钻取法律漏洞、利用漏洞谋取私利的人。在没有那么多复杂法条的时代，人们通常会自觉地以“道德”来要求自己。伴随着法令法条越来越密集，妄图“法无禁止即可行”的人就会越来越多，营销这些“漏洞”的人越来越多，钻取“漏洞”的人也越来越多，紧接着修补漏洞的法条也越来越多，从而形成循环。“反者，道之动”，法令滋彰反而催生出了越来越多的盗贼。

“人多利器，国家滋昏”。这句话狭义、直观的解释是民间的武器越多，自然暴乱就会越多，社会的安全得不到保障，人心惶惶，反而影响了国家的正常发展。当然，这里的“利器”不单指武器，也指技巧性的“器具”。当今，人们将大量精力花费在网络上，网络短视频的发展虽然可以让我们快速方便地获取更多信息，但是也带来了更多的谣言、欺诈、网暴，也致使人们很难分辨真假、对错，网络平台以及政府在管理上需要加大力度审核、调查、澄清，花费大量时间和精力治理。

“人多伎巧，奇物滋起”。科技越来越发达，人们的猎奇心理也越来越重，各种新奇的产品和服务被越来越多地开发出来，人们越沉迷于这些奇物的刺激，内心反而越空虚。现代化的办公工具看似解放了双手，提高了效率，但实际上反而致使人们变得更加疲惫；发达的信息技术看似方便了沟通，但实际上反而让人们心灵的距离越来越远。

“故圣人云：我无为，而民自化；我好静，而民自正；我无事，而民自富；我无欲，而民自朴”。老子说，世人想要通过“有为法”的方式来证明自己，证明这个“我”存在的价值。但是，这条路走反了，本末倒置了。无为、清静、无事、无欲才是真正的治国之道。君王奉行无为之道，以包容爱护之心对待百姓，百姓自然拥护和支持君王。君王清静节俭，克制自己的欲望不铺张浪费，百姓自然也会勤俭正直。君王奉行简政利民，让利于百姓，百姓自然会丰衣足食。君王清廉无私，凡事以百姓为先，那么百姓也自然纯真淳朴。反过来，百姓淳朴、正直、富裕，国家自然就会繁荣富强；国家繁荣富强了，天下的人自然就会前来归服。这是最简单的阴阳生克转化的原理。

【第五十八章】

> 其政闷闷，其民淳淳；其政察察，其民缺缺。
>
> 祸兮，福之所倚；福兮，祸之所伏。孰知其极？其无正也。正复为奇，善复为妖。人之迷，其日固久。
>
> 是以圣人方而不割，廉而不刿，直而不肆，光而不耀。

《道德经》第五十七章，“天下多忌讳，而民弥贫；人多利器，国家滋昏；人多伎巧，奇物滋起；法令滋彰，盗贼多有”。老子倡导清静无为，无事无欲才是真正的治国之道。在第五十八章，老子继续论证这一观点背后的逻辑原理。

“其政闷闷，其民淳淳；其政察察，其民缺缺”。老子说，如果管理者出台的政策是简单易懂的，没有任何“有为”的技巧手段，没有繁杂的条条框框，那么这个国家自然民风淳朴敦厚。百姓的生活也自然平安幸福，悠然自得。如果管理者想要掌控全局，制定的政策冗余繁杂，连百姓的一言一行都不放过，这种做法表面看上去是“治理有方”，但是实际上百姓会变得谨小慎微，国家自然就会变得穷困贫苦。

现实中这种案例很多。以企业文化为例，我们时常发现有些企业的规章制度足足有几十条，并要求员工熟练背诵，严格按照制度行事。殊不知，这些“精心”设计出的制度不过是为了满足管理者的虚荣心罢了。过于繁杂的企业文化相当于没有文化。员工们根本无法理解文化背后真正的精髓，单纯为了背诵而背诵，一切反而成了大家的负担，更别说将其运用到工作实践中了。优秀的企业文化和制度是简单、聚焦的，员工心领神会后，自行运用于工作环节，并且能够在实践中亲身受益，这才是明智实用之举。

所以，多的未必就是好的，少的未必就是坏的；有为未必有果，无为未必无果。“祸兮，福之所倚；福兮，祸之所伏”。老子说，世间万物皆由阴阳构成，有阴必有阳，有阳必有阴；阳极阴生，阴极阳生，“反者，道之动；弱者，道之用”。好比“福”和“祸”这两样东西，当福气来临之时，我们如何断定这不是灾祸的种子呢？当灾祸来临之时，我们如何知道这不是福气的引绳呢？塞翁失马究竟是福还是祸呢？我们自生至死、从早到晚纠缠于这些阴阳转化之间究竟有何意义呢？不妨从中超越出来，清静自然是多么的逍遥啊！

“孰知其极？其无正也。正复为奇，善复为妖。人之迷，其日固久”。老子说，“正”到了极点就是“歪”，“善”到了极点就是“恶”，“多”到了极点就是“少”，“幸运”到了极点就是“灾祸”，“甚爱必大费，多藏必厚亡”。单位的领导“明察秋毫”，这对于团队而言是件好事吗？未必。所谓“察见渊鱼者不祥，智料隐匿者有殃”，在这样的领导管理下，员工会变得畏首畏尾，大家的工作重心就变成了为了少犯错误不敢做事，层级间缺乏互动，信息难以传达，机构运转会效率低下。

家长对孩子宠爱到了极点，这对于孩子是件好事吗？未必。这可能致使孩子娇生惯养，导致他们未来步入社会缺乏独立自主性和抵御挫折、克服困难的能力。某人富贵到了极点，这对于他是件好事吗？未必。这个人可能成为众矢之的，大家都知道他有钱，贪图他财富的人会越来越多，向他借钱、要钱的人越来越多，家人间争夺财富的可能性越来越大，甚至绑架、勒索、欺诈的情况也会随之而来。

老子说，世人纵使知道我讲的这些道理又如何呢？他们依然迷恋着有为之法。我们看一看自己的周边，领导一心忙着要政绩，员工一心忙着要业绩，学生一心忙着要成绩，我们早已被各种“私”和“有”包围。江山易改本性难移，人的天性就是执着于“有为”，证明自己的“存在”，想要改变真是太难了。

“是以圣人方而不割，廉而不刿，直而不肆，光而不耀”。那么圣人是如何做的呢？老子说，圣人兼容并包，因为知晓阴阳共存合一之理，所以圣人方而不割，他虽然坚守正道，但是也能在一定程度上容忍不合理的现象存在；圣人秉公廉洁，但是他也宽容大度，允许“知错就改”“将功补过”，不会因为廉政而伤害他人，导致无人可用；圣人正直爽快，但是他也有谦恭敬畏之心，知道顾及他人的颜面，不会趾高气扬、颐指气使；圣人明白“光而不耀”的道理，他懂得积极承担责任，更懂得适时低调收敛。圣人知道“持而盈之，不如其已；揣而锐之，不可长保”“功遂身退，天之道也”的道理。

【第五十九章】

> 治人事天，莫若啬。
>
> 夫为啬，是谓早服；早服，谓之重积德；重积德，则无不克；无不克，则莫知其极；莫知其极，可以有国；有国之母，可以长久。是谓深根固柢、长生久视之道。

前面的章节中，老子阐述了诸多观点，如“塞其兑，闭其门，终身不勤；开其兑，济其事，终身不救”“天下多忌讳，而民弥贫；人多利器，国家滋昏；人多伎巧，奇物滋起；法令滋彰，盗贼多有”“其政闷闷，其民淳淳；其政察察，其民缺缺”。这些都是道家思想的重要体现，告诉我们不论是修身、齐家还是治国、平天下都应以“清静无为”作为准则。

《道德经》第五十九章，老子又做了一个阶段性的小总结，即“治人事天，莫若啬”。老子说不论是修身、齐家还是治国、平天下，如果简单用一个字总结，就是“啬”。“啬”字在现在多指吝啬，是过分小气的意思。但“啬”字的本义是收藏好谷物后仔细地保管，表示对粮食十分爱惜、节省、不浪费。我们知晓了“啬”字的真实含义，结合前面的章节，就能够更加深入地理解老子想要表达的意思了。老子说，修身时要“塞其兑，闭其门”，我们要节省能量，爱惜自己的精、气、神，减少对感官的刺激，避免受到外界诸相的侵扰，时刻保持内心的稳定与清静。治国时，我们要包容爱惜子民，以百姓心为心，减少冗余的政策，顺应道德，那么国家自然能够富强昌盛。所以这个“啬”字具有“减损”和“无为”的双层含义。

“夫为啬，是谓早服；早服，谓之重积德；重积德，则无不克”，老子说，如果能够做到“啬”，那么我们就掌握了“修道用德”的法门。掌握了这个法门之后，我们就可以积累功德，建功立业了。我们将道与德融于自己的思维，融于我们日常的行为处事。凡事遵道而行，依德而用。那么我们就会取得无往而不利的效果。

“无不克，则莫知其极；莫知其极，可以有国；有国之母，可以长久”。当然，我们知道阴阳在相互转化的过程中是有极限的，阴极阳生，阳极阴生，但是对于空无的大道而言，是没有阴阳分别的，是没有所谓“极限”的，所以称大道为“无极”。老子说，如若我们积累的“道德”是无止境的，那么其“无不克”的效果也将是无穷无尽的。由此可以看出，虽然我们在思维和行动上是“啬”，是小，是无为，但是产生的结果上却是“无不克”和“无所不为”。小到了极致就是大，我们把自己压缩到了极致的“小”，乃至“无我”，由此而产生的效能却是无限的“大”，乃至“无极”。

“是谓深根固柢、长生久视之道”。老子说，当我们回归了大道本源，不再被阴阳变化的表象所迷惑和动摇，出离了阴阳二元偏执、阴阳转化的轮回，一切清静无为，那我们可以安住在“常乐我净”的境界中了。那时候，我们能够体会到什么是真正的“永恒”，能够体验到什么是真正的“喜乐”，这才是真正的根深蒂固、毫无动摇。

【第六十章】

> **治大国，若烹小鲜。**
>
> **以道莅天下，其鬼不神。非其鬼不神，其神不伤人；非其神不伤人，圣人亦不伤人。夫两不相伤，故德交归焉。**

《道德经》第六十章，“治大国，若烹小鲜。以道莅天下，其鬼不神。非其鬼不神，其神不伤人；非其神不伤人，圣人亦不伤人”。对于这一句“治大国，若烹小鲜”，许多朋友有不同的见解。有的朋友说，烹小鲜要讲求耐心细致、恰到好处，要讲究火候，阴阳平衡。有的朋友说烹小鲜讲究原汁原味，不可加入多余的调料，寓意治人事天应该“莫若啬”，应该无为而治。这些解读其实都非常有道理。究竟哪个是老子想表达的含义呢？我们尝试站在“大道”的角度上进行阐释。

老子说，我们治理一个大国和烹调一道鲜美的小菜所应用的“道之理”是一样的。为什么这样说呢？因为世间万事万物的本体是一样的，都是那个湛然空无的大道，是那个原始的“一”。所谓“道生一，一生二，二生三，三生万物”，天下万物以及世间所有事物的产生和运行都是基于大道，众生能够发挥能动性也基于大道的本体。我们如果把握住了这个本体、这个根深蒂固的道，就掌握了寰宇世间运行的真理法则。我们只需要遵道而行，依德而用，就能无往不利，自然达到了第五十四章所讲的境界，即“修之于身，其德乃真；修之于家，其德乃余；修之于乡，其德乃长；修之于邦，其德乃丰；修之于天下，其德乃普”。

“以道莅天下，其鬼不神”。这里的“神”字代指“鬼”所发挥的“神通”作用。老子说一个人如果以道修身，以道治理天下，那么连“鬼”都无法发挥其“神通”作用来影响他伤害他。

“非其鬼不神，其神不伤人；非其神不伤人，圣人亦不伤人。夫两不相伤，故德交归焉”。老子说“其鬼不神”并不是“鬼”的“神通”失去了作用，而是“鬼”的“神通”无法作用于清静空无的大道。那么反过来看，“鬼”的本体也是大道，所以大道又如何能被伤害呢？大家本质是“一”，都出自同一个本体，本自清静无为，空无又如何能够伤害空无呢？在究竟意义上看，道体甚至连“伤害”的分别概念都没有，又从何谈及实质性的“伤害”呢？所以，不仅是“鬼”伤害不了圣人的本体，“圣人”也一样伤害不了“鬼”的本体。

老子说，你也伤害不了我，我也伤害不了你，这究竟是什么原因呢？因为你就是我，我就是你；根本无所谓我，也无所谓你，更无所谓伤害和被伤害，只有湛湛澄澄的无为清静。这就是真正的道与德交汇，道与德融为一体，回归本源，心物一元。

【第六十一章】

> 大邦者下流，天下之牝，天下之交也。牝常以静胜牡，以静为下。
>
> 故大邦以下小邦，则取小邦；小邦以下大邦，则取大邦。故或下以取，或下而取。大邦不过欲兼畜人，小邦不过欲入事人，夫两者各得所欲。大者宜为下。

《道德经》第六十一章，老子将以道治国的重点聚焦于国家之间的外交政策。老子说，“大邦者下流，天下之牝，天下之交也”，什么是“大邦者下流”？难道是指大国的外交政策要卑鄙无耻、不择手段、恃强凌弱吗？非也。文章此处的“下流”是指水向下流动，如水一般“善利万物而不争，处众人之所恶”。老子说，作为一个大国，我们的外交政策应该效仿水，即使自身的国力强盛，但外交行事依旧谦恭。对于周边的其他小国，我们包容而不竞争，多让利于小国。

小国由于自身弱小，最担忧的就是国民的安全，看到大国如此善待自己，自然也心甘情愿地俯首于大国。对于大国而言，外交上虽然有谦恭之行，但实际上创造了与邻邦交好的外部环境。百姓也因为和平，所以能够安居乐业。民富则国强，百姓富足了，国家也自然会更加繁荣昌盛。老子总结说，这是“天下之牝”啊！“牝”是指母性，母性是慈悲的、包容的、温柔的，正是这种母性孕育了天下万物。大国对待小国应该像母亲对待孩子一样慈爱、包容，不计得失。

“牝常以静胜牡，以静为下”。这里的“牡”指与“牝”之母性相对应的“公性”，此处的“静”有无事的含义。老子说，谦恭、慈爱、润物细无声的母性看似柔弱，但是这种柔弱可以战胜霸道刚强的“公性”。“故大邦以下小邦，则取小邦；小邦以下大邦，则取大邦”。老子说，就国与国的外交政策而言，“静”和“下”至关重要。对于小国而言，由于自身的势力相对弱小，所以在外交上更应该效仿水向下流动，以低调的姿态来与大国交往，积极与大国交好，以得到大国的安全庇佑。

反之，如若小国自以为是，以卵击石，那后果必定是自取灭亡。第二次世界大战中，日本擅自发动侵略战争最终惨败投降就是最好的证明。本句中的“取”字，并非“占领”和“吞并”的含义，而是类似一种宗主国与藩属国的和谐关系。古代中国王朝与周边小国的关系就是如此，小国向大国称臣，但保有自主的管理权；小国定期向大国朝贡以示臣服、友好，大国则彰显宗主的气度，在小国朝贡时，又数倍“回礼”于小国，并在小国面临困境时给予帮助和保护。

“故或下以取，或下而取。大邦不过欲兼畜人，小邦不过欲入事人”。老子说，不论是大国取小国，或是小国取大国，这个“下”字是关键。大国没有过强的欲望，用包容的姿态以“下”来对待小国；小国没有过大的企图，用谦恭的姿态以“下”来对待大国，那么大国与小国都能得到自己想要的和需要的，天下自然会和平安定。这就是“水”的功能，亦是“弱者，道之用”的真实体现。由此我们可以知晓，“柔弱”“下流”并不仅是弱者独有的工具，强者更需要懂得使用“柔弱”之术。

历史上，隋朝结束了自西晋末年以来中国长达数百年的分裂局面，统一了中国。在多年战乱之后，国家本应止戈休兵，休养生息。但是隋朝却穷尽民用，多次远征高句丽，致使国家和民众元气俱伤，建国三十七年随即灭亡。这就是强国不懂得“下流”“用弱”的反面教材。

本章老子虽然讲的是国家之间的外交政策，但实际上这种外交政策同样适用于人与人之间的关系，比如君臣、同僚、父子、夫妻、兄弟、朋友之间的关系。我们应该懂得“下流”和“柔弱”，严于律己，宽以待人，低调谦恭，让利于他人。但这里需要提醒大家，老子说要懂得用弱、用柔，但是这种弱和柔是基于中道的阴阳平衡合一，是一种建立在自尊和独立基础上的谦恭低调，并非“宠辱若惊”般的卑躬屈膝。不论是大国还是小国，“宠辱若惊”般的卑躬屈膝换来的必然是他国的鄙夷和欺辱。因此，所有“德之用”的发挥必须基于“道之体”，二者不可分离，否则就是舍本逐末，与真正的“道德”南辕北辙了。

【第六十二章】

道者，万物之奥。善人之宝，不善人之所保。

美言可以市尊，美行可以加人。人之不善，何弃之有？故立天子，置三公，虽有拱璧以先驷马，不如坐进此道。

古之所以贵此道者何？不曰：求以得，有罪以免邪？故为天下贵。

《道德经》第六十一章，老子阐述了国与国之间以及人与人之间的关系管理之道。这个方法就是“下流”，像水一般谦恭低调，自甘居于低位，让利于万物众生。如果进一步深入分析，我们则会发现这种“下”其实是一种给予，给予他人充分的尊重，留予他人足够的利益。就“下”的本质而言，就是利他，利他就是我们与万物打交道的根本法则。

第六十二章，老子承接前一章的“给予”继续阐述。“道者，万物之奥。善人之宝，不善人之所保”。老子说，大道生育天地，运行日月，长养万物，是万法万象生灭变化的奥秘所在，是玄之又玄，是众妙之门。寰宇世间的一切皆从大道中来。这个大道兼具“有”和“无”的共同属性，能生万物万法，本体却是湛然空无、清静无为。它没有丝毫阴阳二元偏执，也没有任何妄想、执着。对于善人而言，大道是他们的无上至宝。对于不善的人而言，大道也会为其提供保障，让他们生存。

我们知道，“善人”和“不善人”的区别实际上就是基于人类“利他”和“利己”行为的区别。我们将处处“利他”、善于帮助他人的人称为“善人”；将时时“利己”、不善于“利他”甚至损害他人利益的人称为“不善人”。从大道本源来看，万物皆从真如自性中来，本是一体，实无善与不善的分别。但是在阴阳生克转化角度上看，“利他”的最终结果是“利人利己”，“利己”的最终结果是“损人损己”，善人利他自有善报，不善人利己自有恶报。善与不善的因果报应也是真实的。

在此处我们需要强调，大家切勿错解“大道清静空无”和“无善无不善”，不可认为既然万法是空，那不论做什么都是空，并以此为由，行损人利己之事。这是极其错误的见解。为什么呢？一方面，因为心物本自一元，万法万象本自一体，我们损害了他人，其实就是在损害自己。另一方面，在我们企图损人利己之时，其实思维上已经产生了“我相”“人相”的分别了，已经不是真正的“清静空无”了。既然不在“清静空无”之中，则必然受到阴阳之易法则的制约。道体与本性是真，阴阳转化亦是真，因果报应亦是真。道是道，德亦是道，清静空无是道，阴阳转化亦是道。如果单纯承认道之清静空无，而忽视了德之阴阳转化，我们就又进入另一个二元偏执了。

“美言可以市尊，美行可以加人”。老子说，赞美他人，可以获取他人的认同和信任。尊重他人，可以获得他人的支持和帮助。古时，“德”的含义同于“得”。《素书》云：“德者，人之所得，使万物各得其所欲”，其意思是给予万物众生他们想得到的，那么我们也必将获得他们的给予和支持。因此，“给予”和“利他”是《德经》部分最为重要的法则之一，是“反者，道之动”的根本应用。

“人之不善，何弃之有？”老子说，善人也好，不善人也罢，在本源的大道看来是没有分别的，因为众生本自一体，都来自道。就如同善人有空气可以呼吸，有水可以喝；不善人同样有空气可以呼吸，有水可以喝一样。大道不会抛弃任何生灵，都会给予他们无私的支持和帮助。

“故立天子，置三公，虽有拱璧以先驷马，不如坐进此道”。老子继续讲，一个国家最高的管理者，他有尽心尽力辅佐自己的三公——太师、太傅、太保，有取之不尽的金银宝物和用之不竭的军事装备，但是这些外在的有形之物，都不如遵行和效法大道。为什么呢？外在之物并非真正属于自己，三公恐有告老还乡的一天，那时谁来辅佐我们呢？金银财宝和战马兵器总有消耗殆尽的一天，那时我们又如何存活呢？就连自己的身体也有寿终正寝的一日。这些有形之物都是有生有灭的，是不可持续的，总有消亡的一刻。如果不修习道德，我们将终日迷失于阴阳转化的幻象中，备受忧悲苦恼的侵扰，无有出期。

“古之所以贵此道者何？不曰：求以得，有罪以免邪？故为天下贵”。最后老子说，大道是无上尊贵的至宝，是宇宙世间的真如妙理，是我们人生真正应该追求的目标和意义。但是，我们修习大道并不是为了求得永恒的生命、有形的名利或荣华富贵，也不是犯下罪行后为求得宽恕原谅。如果以此目的修道，或者抱有某个目的修道，那就又是“有”而不是“无”了，这样的修道是不可能成功的，这样的人就是真实的愚痴迷信之人。大道的宝贵之处就在于解答了世间最根本的谜题，为我们回归永恒的本源指引了精进的方向。

【第六十三章】

> 为无为，事无事，味无味。
>
> 大小多少。（抱怨以德。）图难于其易，为大于其细。天下难事，必作于易；天下大事，必作于细。是以圣人终不为大，故能成其大。
>
> 夫轻诺必寡信，多易必多难。是以圣人犹难之，故终无难矣。

“古之所以贵此道者何？不曰：求以得，有罪以免邪？故为天下贵”。《道德经》第六十二章中，老子为我们指明了大道的真正宝贵之处，告诉我们不应抱有目的去修道，因为那是另一种“有”，我们应该以清静之心，行自然之道。在第六十三章，老子将通过例证来阐述这一论点。

“为无为，事无事，味无味”。老子告诉我们，生活在这个世界上应该以无为、无事和无味作为见地和行止的准则。在见地层面，我们应该秉持中道的立场，摒弃阴阳二元偏执，保持清静空无的心态。我们没有私欲，对万物不抱持私有的态度，凡事尽心尽力而不自恃功劳，付出而不索取回报。时刻让自己的心绪处于清静且理性的状态，无论得失都不为外境所困扰。

在行止层面，我们应该以“无事”作为主要原则，我们不认为自己有所谓“聪明才智”，亦不企图证明自己的“聪明才智”，避免人为的画蛇添足和揠苗助长。凡事只需以利他为中心，以成就天下众生为出发点，开放而包容，一切行为都顺应阴阳之势而为，如此好的结果自然来到，功成而事遂。

在自我修养层面，我们讲求“无味”。这里的“无味”并非单纯指“口舌之味”，也指感官的享受满足，实指自身的欲望。老子劝诫我们合理节制自身的欲望，不要盲求世间的享乐、财富，要善于保护自己的精、气、神，学会“见素抱朴，少私寡欲”，如此方能“为道日损。损之又损，以至于无为”。“为无为，事无事，味无味”就是“德之用”的根基和准则。

“大小多少。抱怨以德”。老子说，大与小相对，多与少相对，怨与德相对，世间充满了各种对立。我们生活在由阴阳对立构成的世界之中，时时刻刻在阴阳之势的洪流中漂泊。虽然我们认为自己有主观能动性，但是这种能动性在阴阳大势面前却是极其脆弱和无力的。就如《黄帝内经》所说：“道者，圣人行之，愚者背之。从阴阳则生，逆之则死，从之则治，逆之则乱”。对于大道，我们只能因势利导，顺势而为。

那么我们应该如何顺势而为呢？答案还是“反者，道之动；弱者，道之用”。老子说，面对他人的怨恨，我们应该如何处理？我们是不是也要反过来怨恨并报复他呢？非也。唯有站在怨恨的对立面——以德报怨，双方才能达成和解。以牙还牙最终的结果只会是两败俱伤，永远地陷入仇怨中。

“图难于其易，为大于其细。天下难事，必作于易；天下大事，必作于细”。老子说，如果面对困难，我们就从其对立面——简单下手；如果面对庞大，我们就从其对立面——细微入手。当我们面临一件极具困难和挑战性的事情时，不必慌张，我们可以尝试将其分解，从中挑选出最容易最简单的事情，从这里入手，一件一件地完成，最后我们会发现难题在不知不觉中就被解决了。当我们面对一个庞大复杂的项目时，不必畏惧，我们可尝试挑选出最基础、最微小的事情，从细节开始，一点一滴地做，最后我们会发现大项目在自然而然中就完成了。如果我们想要成为一名真正的将军，那最好从一名普通的士兵做起。只有经历过一线战场的殊死搏斗，才能够真正体会和理解战争，从而成为真正的将领。世间的所有事物和现象都是同样的道理。

然而，世人的表现往往恰恰相反。所谓“大道甚夷，而人好径”，世人贪图舒适安逸，因此具有惰性，喜欢求大、求快，梦想一朝致富、一夜成名、一劳永逸。碰到困难就容易退缩，碰见小事又不屑于去做。比如，许多毕业生初入职场不愿意做贴票报销、端茶倒水、复印材料、协助跑腿之类的小事。殊不知，在职场中，我们必须通过这些小事，让他人见到我们的品行、能力和态度。当他人逐步认可了我们，日后才能将重任委托于我们。同时，也正是因为这些细小的事情真正磨炼了我们冷静、沉稳的心性，让我们有机会观察企业运营的底层逻辑，了解同事的性格特长，取长补短，这些都是未来成长到更高职级时必备的素质和能力。

创业者也是一样，很多人都有伟大的理想，期待创造宏伟的事业。我们希望在创业首轮融资拿到千万元乃至亿元级资金，两三年后上市，随后套现，实现财富自由，走上人生巅峰。这些情节恐怕只存在于虚构的故事中。现实中，我们要做大量的市场调研，挖掘需求，研发产品，开拓渠道，首先要保证的是公司能在未来两三年内存活下来。我们一路省吃俭用，一点点招揽人才，扩大规模，十年后能有上市的苗头就不错了。我们观察世界上那些规模庞大的公司，哪一个不是一点一滴逐渐发展起来的？很多人认为《道德经》玄妙高深，但它阐释的却是生活中最浅显的道理。

“是以圣人终不为大，故能成其大”。老子说，圣人清静无为，无有分别执着，在他们眼中连“大”与“小”的概念都没有。圣人只是默默地奉行“利他”，一切以众生为中心，只是一点一滴、尽心尽力地做而已，做着做着就成长起来了。当壮大之后，圣人也没有“我现在强大了，现在了不起了”的想法，一切照旧，遵道而行，所以圣人能够一直强大壮大下去。

“夫轻诺必寡信，多易必多难。是以圣人犹难之，故终无难矣”。这一句，老子列举了反面的例证。他说，一个人如果轻易地给予我们承诺，那么这个人必定不会是恪守诚信的人；一件事情，如果我们最初轻视它，认为很简单，那么在真正运作时，就必定遇到意想不到的困难。所以，圣人在做任何事情之初都非常谨慎小心，仿佛面临巨大的挑战。“豫兮，若冬涉川；犹兮，若畏四邻”，在事情进展的过程中，圣人会缜密细致、一丝不苟，直到把所有任务都顺利完成。在外人看来，圣人好像能够轻而易举地完成任何一件事情。老子说，这其实并没有什么，圣人之所以能够成功，无非在于严格坚守“道之体”、遵循“德之行”罢了。

【第六十四章】

> 其安易持，其未兆易谋；其脆易泮，其微易散。为之于未有，治之于未乱。
>
> 合抱之木，生于毫末；九层之台，起于累土；千里之行，始于足下。
>
> 为者败之，执者失之。是以圣人无为，故无败；无执，故无失。
>
> 民之从事，常于几成而败之。慎终如始，则无败事。
>
> 是以圣人欲不欲，不贵难得之货；学不学，复众人之所过。以辅万物之自然，而不敢为。

《道德经》第六十三章，老子阐述了“道之体”上的“德之行”，即在无为、无事、无味的基础上，把握阴阳之势，顺势而为。然而，阴与阳生克转化是有周期性的，我们在顺势而为的同时还需要学会“动善时”，即善于把握阴阳变化的时机。我们应在阴与阳发生转化之前采取对策，否则前期的努力积累就有可能徒劳无功，甚至导致结果适得其反。

“其安易持，其未兆易谋”，老子说，事物在阴阳平衡统一的状态下，通常是相对“安全”和“稳定”的。在这个阶段我们可以静心地维持这种统一平衡的状态。如果阴与阳失去了平衡，处于阴盛阳衰或阳盛阴衰的状态，但是这种状态又尚未发生极端转化，我们在这个阶段还是有调整和补救的机会的。

“其脆易泮，其微易散。为之于未有，治之于未乱”。老子说，当一件东西已然变得非常坚硬的时候，就表示其马上就要破碎了；当一样东西已经变得非常细小的时候，就表示其马上就要消散了。这表明阴与阳已经处于极端状态了，即将要发生转化。在这样的状态下，结果已经不可逆转，我们不论采取什么措施都于事无补了。

其实，这也是《周易》的功用所在。《周易》的作用就在于“以果决行”，六十四卦其实就是阴与阳的交叉变化组合，代表世间存在的六十四类场景和现象，每类景象都具有不同的寓意，指引我们在结果尚未确定之前及时调整补救。这就好像一个人的身体处于阴阳平衡之时是健康的，只需要维护现状即可；当阴阳失衡之时，身体会向我们发出一些预警信号，我们发现了信号就可以及时进行调理。而当阴阳发生了极端变化，真正转为重大疾病时，若要补救就很困难了。所以，中医治病的主导思想就是“不治已病治未病”，要在身体刚刚向我们发出信号、尚未发生重大疾病时，就及时进行干预，如此就可以避免大病的发生。这与道家思想本是一脉相承的。

“合抱之木，生于毫末；九层之台，起于累土；千里之行，始于足下。为者败之，执者失之”。老子说，众人联手合抱的大树是从毫末般的幼苗逐渐长成的，九层高的宏伟建筑是一土一沙逐渐累积起来的，千里的征程是一步一个脚印丈量出来的。万事万物都处于这样的生克转化法则之中，背后是大道“冲气以为和”的原理。作为人类，我们能做的仅仅是顺势而为，如果自恃“聪明才智”而“有所作为”，执着于发挥自己的主观能动性，那注定会失败。

如今许多人通过努力成功地创造了自己的事业，获取了名誉、财富和地位，我们或许会认为他们有超越常人的能力。实际上，如果反思，我们会发现这一切只是因为他们做的事情顺应了道德，顺应了当时的大势洪流而已。如果现在将我们放置于另一个不同的局势下，我们所“努力”的结果恐怕就会截然不同了。

“是以圣人无为，故无败；无执，故无失”。老子说，圣人的策略是无为而治，他内心清净湛然，不为阴阳变化所扰，一切作为都顺应大道的变化。圣人的举止已然超越了阴阳，实现了阴阳合一，对于任何事物都抱持“无分别”“无执着”的态度。因此，他凡事都能够做出理性的判断，继而不会有失败可言。

“民之从事，常于几成而败之。慎终如始，则无败事”。老子说，世人做事业，很少有能够长久保持成功的，大多是成长到某个阶段就开始下滑，走向失败了。为什么会这样呢？因为世间极少有人能做到“道心不变”。当我们有了一点点成绩，就开始认为自己成功了，就开始自以为是了，认为自己的功劳无限大，能力无限强，这其实是给自己划定了成长的“界限”，设定了成长的“天花板”。我们忘掉了当初的谨小慎微和艰苦朴素，转而开始盲目自大、奢侈浪费，最终导致走向衰落。老子说，如果我们想要将成功永远保持下去，就要效法圣人，抛开分别执着，一如既往地保持最原始、最自然的初心，“终不自为大，故能成其大”，如此方能建立持久的功业。

“是以圣人欲不欲，不贵难得之货；学不学，复众人之所过。以辅万物之自然，而不敢为”。最后，老子说，圣人是以“无欲”为“欲”，时刻保持清静空无的心态，不贪图世间的名利。圣人以“不学”为“学”，致虚极，守静笃，避免陷入世间的颠倒轮回之境。圣人追寻的是清静无为，唯一能做的就是放下万缘，顺应大道，自然而然。

【第六十五章】

> 古之善为道者，非以明民，将以愚之。
>
> 民之难治，以其多智。故以智治国，国之贼；不以智治国，国之福。
>
> 知此两者，亦稽式。常知稽式，是谓“玄德”。“玄德”深矣，远矣，与物反矣，然后乃至大顺。

《道德经》第六十五章，“古之善为道者，非以明民，将以愚之”。老子说，上古的善于为道者，即真正懂得以“道”治理国家的人，并不主张以所谓“才智”“有为”的方式来治理国家，也不主张以给予“利益”的方式来引导民众，不鼓励百姓走“私欲”“有为”的道路。他们治理国家的方式是“将以愚之”。

很多朋友会认为这里的“将以愚之”是愚民政策，即管理者让百姓处于愚昧无知的状态，没有辨别是非的能力，利用信息的不对称致使百姓逆来顺受，以便巩固自身的统治。这样的解读其实是存有偏颇的。要知道，大道衍生万物，万物众生本自一体，毫无分别，统治者并不会比普通百姓高贵丝毫。这里“愚”字并非“愚昧蠢笨”的含义，而是纯真、厚道、朴实的意思。老子希望国家的管理者以及国家的百姓都能够保持最原始、最自然的那份纯真、厚道和朴实，而不是为了“满足私欲”而“有所作为”。

老子说，大道的本体是“一”，“圣人抱一为天下式”。人本就在道中，能做的就是“为无为，事无事，味无味”，一切皆顺大道之势而为，道法自然。国家的管理者如若激发百姓贪婪的私欲，追求所谓“器”，确实可以在一定程度上刺激经济和社会发展，改善大众的物质生活条件。但是，追求“器”则“朴”散，大家都追逐于物质私欲，自然就产生了竞争。然而物质资源毕竟是有限的，存量竞争下，当自身的私欲无法被满足时，人们自然就会产生不满、烦恼、矛盾和冲突。

“故以智治国，国之贼；不以智治国，国之福”。老子说，如果管理者企图凭借自身“才智”“能力”，以“私”治国，那么他必定成为这个国家的窃贼；反过来，如果管理者无所思、无所求，一切皆遵道而行、顺势而为，一切以百姓的心为心，尽心尽力为百姓服务，那么这样的管理者将给国家带来福祉。老子在本章想要表达的内容与第五十七章中的“天下多忌讳，而民弥贫；人多利器，国家滋昏；人多伎巧，奇物滋起；法令滋彰，盗贼多有”遥相呼应。国家的管理者发挥“私欲”“有为”，必定伤害到百姓；百姓人人充斥“私欲”“有为”，反过来也必定伤害国家和社会。

为什么呢？因为这种状态下，大家思维和行事的出发点已经完全变成

“我”了，做这件事对“我”有利吗？帮助了这个人对“我”有害吗？为什么他有而“我”没有？就给“我”这点利益，让“我”做事啊？当人人都优先考虑自我的时候，嫉妒、不平、争执、冲突将充斥于我们左右。上欺下，下瞒上，上下关系分崩离析，国家和社会因此变得混乱，到那时，管理者们再想要挽回局面就很困难了。

“知此两者，亦稽式。常知稽式，是谓‘玄德’”。老子说，我们要仔细体会这两种治理模式的异同。因为在很多时候，在“术”的操作层面，这两种模式的外在表现是一致的，我们很难分辨，但是在本质的立场和出发点上，这两者却有极大的不同。我们要时常反思自己，扪心自问是否一如既往地坚持以“道”和“德”来治理国家，是否已将“道”和“德”融入日常的思维和行止中？如果真正做到了，那就是真正的“玄德”。

“‘玄德’深矣，远矣，与物反矣，然后乃至大顺”。老子继续说，玄德是深奥的、长远的，需要我们以一个深入透彻的视角去剖析，以一个长久周期的角度去审视。有时我们发挥“聪明才智”，确实在短周期内获得了实在的利益。但是从长远的周期和深远的影响来看，这些举措实在得不偿失。当然，想要做到真正的清静无为是不容易的，因为这与世人的喜爱和追求截然相反，是“反人性”的。但是如果我们真正做到了，我们就能体会到什么是真正的“大顺”。

【第六十六章】

> 江海所以能为百谷王者，以其善下之，故能为百谷王。
>
> 是以圣人欲上民，必以言下之；欲先民，必以身后之。是以圣人处上而民不重，处前而民不害，是以天下乐推而不厌。以其不争，故天下莫能与之争。

《道德经》第六十六章，“江海所以能为百谷王者，以其善下之，故能为百谷王”。老子问，为什么海洋可以汇集容纳天下百川呢？并不是因为海洋拥有特殊的能力，能主动将百川收归于己。恰恰相反，它没有发挥任何主观能动性，只是甘于被动地处在低位，天下的水就自动地流向它了，它自然而然地就成为天下水量最多的地方，这是对“无为”最形象的解释。

通过这种自然现象，老子告诉我们，如果想要成为真正的王者，成为万民敬仰的九五之尊，我们只需要效法水的“下流”，将自己置于下位，将众生置于上位，时时为百姓着想，处处为百姓出力，那么自然功成事遂。“是以圣人欲上民，必以言下之；欲先民，必以身后之”，如果我们想要从百姓中获得利益，那么我们首先要将自己的利益置于百姓之后，让百姓先得利益。百姓得到利益，变得富足之后，自然会拥护我们为“王”。为什么会这样呢？因为百姓希望在推举我们为“王”后，他们可以继续获得更多的利益，变得更加富足。这也回应了老子在第七章中所说，“是以圣人后其身而身先，外其身而身存。以其无私，故能成其私”。老子还是在告诉我们“反者，道之动”，想要获得卓越的成就，就要先从为众生谋利益开始，我们能为众生解决越多的问题，满足越多的需求，就越能够获得众生的支持。

但是，这句话里还存在一个小问题，那就是这个“欲”字。“是以圣人欲上民，必以言下之；欲先民，必以身后之”，有了“欲”就是有为法，就不是真正中道的无为法了。所以，老子讲这句话，并不是引导我们追求“欲”，并不是鼓励我们利用这些方法为自己谋取私利，而是通过例证向我们阐释“反者，道之动”的原理法则。如果我们利用这些权术、手段是为了自己获得回报，那就不是真正出于无私无欲服务众生了。

那么圣人是如何做的呢？圣人无欲，没有索取回报的想法，不求任何名誉颂扬，不认为自己有功劳，只是本然地为百姓做事，因此他获得的回报也无法计量。所以老子说，“是以圣人处上而民不重，处前而民不害，是以天下乐推而不厌”。圣人已经居于上位和前位了，但他依旧关爱百姓，不给百姓负担和压力，不做危害百姓的事情。如此，天下的百姓都会继续拥戴他，圣人就成了永久的“王”。“以其不争，故天下莫能与之争”，正是因为圣人无欲而不争，不与百姓争利，反而让利于百姓，所以天下百姓自然前来归顺，天下皆莫能与其争。

反观现代社会，大家都在竞争。行业内部在争，机构内部在争，部门内部在争，甚至家庭内部也在争。越来越多的人崇尚利己，凡事以自身利益为先。一家机构，管理者与自己的员工本是一体，管理者本该爱护关心员工，员工本该支持配合管理者，大家齐心协力，创造效益，共享福利。然而在现实中，越来越多的管理者将自己与员工分别开来，认为自己与员工仅仅是雇佣关系，将员工视为自己牟利的机器，尽可能地“充分利用”员工。为了达成业务指标，他们绞尽脑汁设计出各种举措以鼓励充分竞争。在利益分配方面，有利益他们自己先拿；在承担责任方面，出问题让员工先背。在这样的机构里，只存在利益关系，同僚之间明争暗斗、相互掣肘，不论发生什么情况，大家也都只为自身考虑。为什么呢？因为人人都自私，“我”不自私就会“吃亏”。难道我们不知道吗？当然知道，但是为了自身利益不受损失，我们依旧要去这么做。到最后，我们会发现这一切的行为最终伤害的是企业自身，伤害的是所有人的利益。

【第六十七章】

天下皆谓我：“道大，似不肖。”夫唯大，故似不肖。若肖，久矣其细也夫！

我有三宝，持而保之：一曰慈，二曰俭，三曰不敢为天下先。慈，故能勇；俭，故能广；不敢为天下先，故能成器长。

今舍慈且勇，舍俭且广，舍后且先，死矣！

夫慈，以战则胜，以守则固。天将救之，以慈卫之。

《道德经》第六十七章，“天下皆谓我：‘道大，似不肖。’夫唯大，故似不肖。若肖，久矣其细也夫”。老子说，天下的人都觉得我所描述的“道”实在是太“大”了，以至根本无法领悟或者想象出它是个什么样子。这个“大”既是空间上的大，也是时间上的大，它无始无终，无边无际，世间万物无一不蕴含其中。这个“大”也是功能上的大，是伟大，它能够生育天地，长养万物，运行日月，所有的事物、现象无一不在其掌控之中。同时，也正是因为“道”太大了，“大方无隅”“大音希声，大象无形”，是“无状之状，无物之象”，以至我们无法用肉眼看见它，无法用耳朵听到它，无法用身体触碰到它，所以常人很难去理解和参悟它。

老子用五千字的《道德经》向我们描绘“道”，从古至今又不知有多少人用了多少语言文字来解读《道德经》，但依旧无法将其描述清楚。这也证明了道的大，大到空无，大到无法用语言描述。老子说，正是因为“道”的大，因此我们无法准确地将其描绘出来。如果我们能够准确地将“道”描述出来，那么“道”就是“有形”的了，“有形”即有边界形状，那就不是“大”而是“小”了。

“我有三宝，持而保之：一曰慈，二曰俭，三曰不敢为天下先。慈，故能勇；俭，故能广；不敢为天下先，故能成器长”。老子说，如果世人实在无法领悟“虚无”的“道”也没有关系，我这里有三件至宝，大家只要按照我的至宝去做，也可保证大家受益终身，所愿皆能得到满足。那么这三件宝贝是什么呢？

第一件至宝是“慈爱”。这种慈爱不仅仅限于对人类的慈爱，而且是对天下众生的慈悲怜爱。我们的言行举止以利于众生为出发点，默默付出而不求回报，勤勤恳恳而不自恃功劳。老子说，如果一个人事事考虑自己，以自己为中心，那么他就会因为害怕自己受到损失或伤害而变得怯懦。如果一个人处处考虑他人，以利于众生为己任，那么他就会因为“利他”变得勇敢无畏。所以，为自己、家人、朋友等人付出还不是真正的“勇”，能够为素不相识、毫无关联的他人付出自己的一切，才是真正的“勇”，才是真正的有所作为，才是人生真正的价值体现。

第二件至宝是“俭朴”。如果说慈爱是向外的，那么俭朴就是对内的。“俭”是严于律己，让自己保持勤俭朴素的作风。“俭”可以减少我们内心的欲望，降低我们对外在物象的贪恋，减少我们精、气、神的损耗，可以让我们健康长寿，更好地从事利于众生的事业，可以让我们在这纷杂的世间保有一颗自然、清静、纯洁的心灵。在这份清静纯洁中，我们可以深入地体悟大道智慧，感悟天人合一。

第三件至宝是“不敢为天下先”。这句“不敢为天下先”蕴含了诸多意义，“不敢为天下先”是不争，是凡事谦恭，自甘处于低位，是让利于他人；是懂得克制自己的欲望，是在适当的时机知足知止、功遂身退。正是这种不争、甘于居下居后的态度，才使得天下莫能与之争。因为世人大多喜欢争先居上，不愿意落后居下，圣人的行为恰恰相反，圣人不争而给予，这反而使得圣人获得了众人的支持，圣人反而得到的越来越多，这实在是不争之争。

“今舍慈且勇，舍俭且广，舍后且先，死矣”。老子说，现在的人只知道人生要富有、要有价值、要有所作为，却不知道“勇”字真正的含义，抛弃了慈爱之心；只知道索取贪求，追逐名声财富，但是忘记了俭朴纯真；只知道为自己谋取利益，但是忘却了“后其身而身先”的道理。所以，当前的我们被种种烦恼所困扰。“死矣”，老子说，这是走了条死路。为什么呢？就“道体”而言，这种做法悖逆了清静无为，使得我们与湛然空无的永恒大道渐行渐远；就“德用”而言，这样的做法违背了阴阳生克转化的法则，恐怕连我们本该得到的福禄也难以维持，这是一条不归之路啊！

“夫慈，以战则胜，以守则固。天将救之，以慈卫之”。老子说，我这三个至宝，归纳总结一下，其实只有一个“慈”字。利他、给予是“慈”，不为天下先，利万物而不争是“慈”，而对自己的“俭”是为了对众生更好地“慈”。老子说，如果我们懂得用“慈”，那么主动行事时，我们可以无往不利；被动处事时，我们可以泰然自若。如果上天真正将降大任于斯人，必先让他成为慈爱之人。

【第六十八章】

> **善为士者，不武；善战者，不怒；善胜敌者，不与；善用人者，为之下。是谓不争之德，是谓用人之力，是谓配天，古之极也。**

大道的本体湛然空无，却能够绵绵不绝地生育天地，周行不殆地运行日月，长养孕化世间万物。它包容而无分别，具备“阴”和“阳”的统一属性，包含“实有”和“空无”的共有特征。因此，所有与大道相应相合的人、物、事、行也具有同样的包容性和无分别性。

回顾第四十五章，老子说，“大成若缺”“大盈若冲”“大直若屈，大巧若拙，大辩若讷”。真正的“成”是成与缺的融合体，本体有“成”，亦含有“缺”的属性。真正的“盈”是盈与冲的结合体，本体有“盈”，亦含有“冲”的属性。真正的正直有弯曲的特性，真正的“精巧”含有“拙朴”的特征。真正的智慧辩才外在表现却木讷、愚笨。这些特征都是自然而然表现出来的，并非刻意为之。

第六十八章，“善为士者，不武；善战者，不怒；善胜敌者，不与；善用人者，为之下”。老子说，真正善于为士的人，微妙玄通，自身兼备渊博的智慧与高超的武艺，但是他们却慈爱众生，任何时候都不主张以武力来解决矛盾和争端。真正善于打仗、精于战斗的人，平时不会表现出好勇斗狠、凶神恶煞的样子，他们反而温文尔雅，亲和恭敬，常以亲切和善的面目示人。真正懂得克敌制胜的人，他们知道战争的危害，一旦发生战争，双方必会有伤亡，所以他们主张和平，连发动冲突的机会都不会留给对方，即所谓“不战而屈人之兵”。真正善于用人的管理者，虽然自身德才兼备，却懂得谦恭忍让，处处为人之下，让下属能够积极发挥自己的能力，证明自身的价值。真正通达“善”之道的人，往往都是兼容并包之人，他们自身融合了阴阳的共同属性，能以坦然接纳的态度面对外在境遇，不会站在二元偏执的角度看待问题、处理事务。

“是谓不争之德，是谓用人之力，是谓配天，古之极也”。老子说，世人都喜欢争夺，将有限的资源和财富据为己有。但是当我们了解大道之后，才知道“夫唯不争，故天下莫能与之争”，不争才是真的争，给予才是真正的得到。世人都喜爱权力名誉，希望天下的百姓皆归顺自己，拥护支持自己。然而，当我们知晓了大道后才明白“欲上民，必以言下之”，想要得到必定先要给予，想要获取权力必须先服务众生。有舍方能有得。

然而，当某个概念、定义或者思想一旦被具象化地提出来，就已经产生了分别，形成了阴阳。比如《道德经》，有的人闻听《道德经》之后，恍然大悟，严格遵行老子所说，勤而行之。有的人听闻《道德经》之后，则一心希望利用阴阳变化法则来搞权术，牟取私利。在如今的时代，属于第二类的人越来越多。老子告诫我们，“是谓配天”，所谓不争之德、用人之力，都是在慈、俭、不敢为天下先的清静无为大道基础之上的，所有的“德之用”必须与“道之体”相互匹配。如若我们借慈善之举，搞阴谋手段，谋害他人，获取私利，就是行邪道、走邪路了，他日必受其祸殃，这是自古以来被验证过无数次的真理。

【第六十九章】

> 用兵有言：“吾不敢为主，而为客；不敢进寸，而退尺。”是谓行无行，攘无臂，扔无敌，执无兵。
>
> 祸莫大于轻敌，轻敌几丧吾宝。
>
> 故抗兵相若，哀者胜矣。

在《道德经》的第三十章和三十一章，老子曾说，“以道佐人主者，不以兵强天下。其事好还。师之所处，荆棘生焉。大军之后，必有凶年”“兵者不祥之器，非君子之器，不得已而用之”。

老子不主张以兵事来称霸天下。因为战争必定造成生灵涂炭，百姓流离失所，今日我们以兵事侵略他国，他日我们也必定受到灾祸的果报，这是阴阳生克转化的原理。所以，兵者是不祥的事情，非到不得已时不要起兵来解决问题。但是，如果真正发生了战争，我们该怎么办呢？“道之体”与“德之用”在军事上能发挥作用吗？在第六十九章，老子将给予我们答案。

本章的第一句话，老子引用了兵法中的描述，“吾不敢为主，而为客；不敢进寸，而退尺”。这句话具体是何含义呢？在军事战斗中，善于用兵的人不敢有丝毫的骄傲自恃，他们不会摆出主人的姿态，认为敌方来到自己的主场，可以任由自己主宰。善于用兵的人会像客人来到主人家里一样，处处慎重，时时把握进退的分寸。善于用兵的人在指挥战斗时，军队每向前推进一步都异常谨慎、提防，害怕冒进而步入敌人的圈套。善于用兵的人惯于以“败退”的方式示弱，让敌人产生傲慢之心，从而将其一举歼灭。这些实际上都是“反者，道之动；弱者，道之用”的原理在军事上的灵活运用。

《孙子兵法·始计篇》有言：“兵者，诡道也。故能而示之不能，用而示之不用，近而示之远，远而示之近。利而诱之，乱而取之，实而备之，强而避之，怒而挠之，卑而骄之，佚而劳之，亲而离之，攻其无备，出其不意。”孙子说，兵者，讲求诡诈之术，我们“有能力”却故意向敌人展示我们的“无能”；“可用”却故意向敌人展示“不用”；我们距离敌人很近了，却让敌人误以为很远；用利益诱惑敌人，使其放松警惕；敌人混乱虚弱时，我们全力攻击；敌人势头强大时，我们回避等待；敌人谨慎时，我们示弱让其松懈倦怠；敌人安逸时，我们侵扰使其陷入劳顿；敌人团结时，我们设法离间使其相互猜忌。我们看，这些兵家的作战原则是否也暗合阴阳的变化之道呢？

“是谓行无行，攘无臂，扔无敌，执无兵”。在军事战斗中，我们更要恪守“清静空无”的中道思维，理性而冷静地判断战场局势。我们警惕又警惕，谨慎又谨慎，让敌人无从知晓我们的行踪轨迹，无法摸清我们的战略意图，无法掌握我们兵力的虚实。我们的“心”是空的，敌人即使有再大的优势也不敢轻举妄动。

就如《孙子兵法·虚实篇》所说：“故形兵之极，至于无形。无形，则深间不能窥，智者不能谋”。军事战法中的最高境界就是无形。当我们处于无形的状态下，敌人的间谍无法窥视，因而不能获取我们的情报；敌人的谋士无法看清我们的意图，故而不能发挥谋略以制定对应的战术。这些都是“有”“无”之道在兵法上的微妙运用，善于利用“阴”和“阳”也是战争获胜的关键。

“祸莫大于轻敌，轻敌几丧吾宝。故抗兵相若，哀者胜矣”。最后老子说，战场上最大的祸端莫过于轻敌，切不可自见、自是、自伐、自矜，一旦轻敌必将遭遇失败。我们应该持无路可退、无兵可用、置之死地而后生的心态来应对敌人。两军交战之时，受尽压制而奋起反抗的军队反而能够取得胜利。为何会如此呢？因为此时具有优势的一方往往会轻敌傲慢，而退无可退的一方在面对“无生”之境时，会激发起“无穷”的力量进行拼死反击，最后的结局反而是“有生”。这些是经过历史上无数次战争验证过的，也完美地应验了兵家所说的“归师勿遏，围师必阙，穷寇勿迫。此用兵之法也”。

【第七十章】

> 吾言甚易知，甚易行。天下莫能知，莫能行。
>
> 言有宗，事有君。夫唯无知，是以不我知。
>
> 知我者希，则我者贵。是以圣人被褐而怀玉。

《道德经》的第七十章，老子回首前面的内容，似乎有些感慨："吾言甚易知，甚易行。天下莫能知，莫能行"。他说，我前面解释了道之体、德之用，阐述了大道的本源、万物的起因以及运用"道德"修身、齐家、治国、平天下的方法。这些内容看上去抽象复杂，但实质上非常简单，非常容易理解，也非常容易实践，那就是心物一元、清静无为、道法自然。但是现实中，没有多少人能真正理解我阐述的道理，没有多少人能真正愿意付诸实践，更别提有多少人能真正证悟大道本源了。

为什么会如此呢？是因为我所讲的内容虚假不实，导致大家不愿相信吗？非也！老子说，"言有宗，事有君。夫唯无知，是以不我知"。我所讲的每一句话、阐述的每一个事实、列举的每一个案例都是符合道之宗与德之本的，是经得起理论的推导和实践的检验的。那为什么天下莫能知，莫能行呢？

其实，这回应了《道德经》第四十一章所讲的"上士闻道，勤而行之；中士闻道，若存若亡；下士闻道，大笑之"。闻道的人，有一部分是"上士"，他们闻道之后能够信受奉行、勤而行之；有一部分是"中士"，他们将信将疑，但将信将疑是不是相信呢？非也，这部分人本质上还是不相信；剩下的一部分则是完全不知、完全不信的"下士"，他们不相信也不愿去了解，听闻之后唯有嘲笑而已。

那么，这种现象的根本原因又是什么呢？根源在于《道德经》讲述的内容与世人的习性相矛盾。世人一生执着于"有"，我们喜爱有形的权贵名望、财富利益，我们追求五色、五音、五味的感官享受，我们贪求各种稀有难得之货，以此来证明自己在这个世界上存在的价值。然而大道的本体却是清净湛然的，讲求清静无为，要"塞其兑，闭其门"，要无私、无争而利益众生。所以，我们大多数人即使闻道也很难接受和践行。更何况我们过往接受的教育大多注重"眼见为实"，大家都认为自己接受的教育、取得的经验就是"正确答案"，凡是与自己的观点不相符的都是荒谬的、错误的。这一切致使如今的我们想要走上遵行道德的路，且能够坚持走下去变得难上加难。

“知我者希，则我者贵。是以圣人被褐而怀玉”。老子说，世人因为痴迷自身的分别，无法放下对现有的概念、常识的执着，不能做到清静无为，故而不能真正理解大道的真如妙理，迷失在这梦幻一般的花花世界中。在这个世界上，真正知晓、领悟、践行大道的人少之又少，也正因如此，才证明和凸显出大道的弥足珍贵。这一现象恰恰如有道之士，他们外表衣衫褴褛、疯癫愚痴、木讷不明，世人瞧不起他们，但是他们的内心却充满了道德、智慧、慈爱，他们就好似外表裹着粗石的美玉，不需要通过任何形式向任何人证明自己的美，因为他们本身就是美，且异常稀有珍贵。

【第七十一章】

> **知不知，尚矣；不知知，病也。圣人不病，以其病病。夫唯病病，是以不病。**

在第七十章，老子感慨“吾言甚易知，甚易行。天下莫能知，莫能行。言有宗，事有君。夫唯无知，是以不我知”。他说道与德的思想简单易懂且可以践行和验证，但是世人却无法理解，也不去践行。原因是什么呢？因为很多人认为这些内容不符合自我的认知，与自我多年来的习性相互矛盾，所以不相信也不愿去遵行。

人类的本性就是分别性的“我执”。为了证明自我存在的意义，我们会本能地乐于接受自己的成功，拒绝自己的失败；接纳与自己相同的观点，拒绝自己不认同的观点。这就造成了我们在认知过程中极其容易出现一种行为，那就是“与我观点不符的就是错误的”。我们要么执取“阴”摒弃了“阳”，要么执取“阳”摒弃了“阴”，而这种二元偏执会导致我们无法获得真实圆融的见解，进而做出非理性、非客观的判断。这也正是老子苦口婆心劝说我们放下分别与执着的根本原因。

《道德经》第七十一章，“知不知，尚矣；不知知，病也”。老子说，我们应该时刻保持“清静空无”的认知状态，认为自己是“无知”的，承认自己是“不知”的，因为只有“无知”才能更好地去“知”，才能自然地接纳一切“未知”的事物和现象。这样的行为才可以称得上“上上之举”。反之，处处保持“我”和“有”的认知状态，自恃已经“全知”，排斥与自己相悖的观点，选择性地对待身边的事物、现象，这种做法就是典型的二元偏执，是错误的。

“圣人不病，以其病病。夫唯病病，是以不病”。老子说，如果我们时刻观察自己，反思自己，检验自己的认知状态，发现问题并且及时调整改正，让自己的心绪保持在“清静无为”的状态，那么我们就能够成为上上之人。有道之士之所以微妙玄通，明白四达，并不是他们天生就能够达到这样的境界，他们也是从一点一滴的修证中做起的。他们善于护持自己的思维不被外境浸染，使自己处于“无知”“不知”的状态，遇事理性冷静、兼容并包，因此达到无执而无分别的清静无为的境界。

这一章的文字很少，但越精简的文字，越具有重要的意义。“天下莫能知，莫能行”的主要原因就在于“不知知”。明明我们尚未洞达明晰宇宙世间的真相，却自己认为已然知道，对尚未了解的理论、思想不屑一顾。《周易》六十四卦中有一咸卦，它的象辞说，“山上有泽，咸。君子以虚受人。”我们应该摒弃自以为是，舍去我见、人见、众生见、寿者见，坦然地包容天地的万事万物，理性地对待外境的世事变迁。如若执守自己的固有观念，在初步接触一套理论或一项事物时就将其判定为谬论，认为不可信，那么我们就失去全面认知它们的机会了。黑格尔说，存在即合理，世间的万物都有其存在的意义。

在学习知识时，当我们认为自己已经完全了解了，我们就不会查漏补缺，自然也就与那些尚未掌握的内容“失之交臂”了。在科学研究中，当我们认为自己的知识体系是正统、正宗之时，自然不会去研习与之相反的思想理论，也就与这些思想理论擦肩而过了。在教育子女时，当我们臆断孩子应该选择什么专业、从事哪些职业时，我们就忽视了孩子的天赋和热爱，致使他们错失了本来适合自己的事业。在家庭关系中，当夫妻中的一方认定自己的立场和诉求是正确的时，我们自然就回避了另一方的观点和诉求，家庭的冲突矛盾将永远无法得到缓解。在管理中，如果管理者偏听偏信，自然很难做出公正合理的决断，那么团队内部陷入混乱就是必然的了。

这一章，老子表面上似乎在讲“知”与“不知”的问题，好像在告诉我们凡事要谦虚低调，要认识到自己的不足并且及时加以改正。这是狭义上的理解。如若深入挖掘根源，老子其实是想要告知世人警惕“我执”的弊病。为者败之，执者失之，我们应该舍弃分别和执着，以中道包容的态度看待各种概念、观点、理论，凡事包纳圆融，坦然地面对和接受一切现象和变化，公正地对待世间的万事万物。

【第七十二章】

> 民不畏威，则大威至。
>
> 无狎（xiá）其所居，无厌其所生。夫唯不厌，是以不厌。
>
> 是以圣人自知不自见，自爱不自贵。故去彼取此。

天下人大多喜欢权威，其原因不仅仅是权威本身的属性特征，更多的是权力所带来的尊重、他人的仰视感和自我的优越感。这些无形的属性才是让人难以真正抗拒的诱惑。因此，我们追逐权威且希望下属对自己唯命是听，永远拥护、支持、顺服和忠诚于我们。世上没有哪个管理者能够忍受下属对自己的质疑和挑战。有时，为了维护这份权威的面子，他们甚至会动用霸道的强权和惩戒性的手段让下属感到敬畏甚至恐惧。

《道德经》的第七十二章，老子阐述了自己对权威的观点。“民不畏威，则大威至”，他说，真正的权威，持久的权威，其实是没有权威。当天下的百姓都不畏惧权威，也不需要权威来管理时，就表明管理者已经做到“善用人者，为之下”，这是最大的权威。管理者放下自身的优越感和尊贵感，不认为自己执掌权威，能够走下台阶与百姓融为一体，真诚地包容接纳百姓的质疑和建议。百姓也不认为他是管理者，只将其视为大家庭中普通的一员，只是工作内容不同而已，大家共同朝着一个目标前进，此时才是真正繁荣昌盛的太平盛世。这一点，古时的圣人尧、舜、禹就是典型的代表，他们处处不彰显自己的权威，只一心一意为大众付出，所以百姓赞颂和拥护他们，他们的威名也能够流传至今。

然而，这些事情讲起来容易做起来难。我们作为寻常百姓感受尚不明显，倘若有一天我们真正居高临下，周边皆是夸赞之声，遍布讨好谄媚之举。那个时候，要我们能够坦然地接受他人对自己权威的质疑和挑战，其实是相当困难的。回看历史，如唐太宗般接受魏征谏言的君王有几人呢？能够想百姓所想，开创出太平盛世的君王又有几个人呢？屈指可数。为什么会如此呢？还是因为世人执“有”，把自己看得太重要了，无法接受他人对自己的否定，更难以放下自己的利益。当一个管理者无法放下自我，无法接受质疑和反对时，通常采用惩戒和责罚来维护自己的威权，而下属受到责罚或者看到他人因此受到责罚，此后自然也就不再敢于谏言了。

老子说，民众能够不畏惧权威，管理者才拥有了真正的权威。那么如何能够做到“民不畏威”呢？首先是甘于为“下”，“善用人者，为之下”，无私为百姓服务，让利于百姓。其次是要“无狎其所居，无厌其所生”，当权者不要因为手中握有权力，就想时时玩弄权力来干涉和扰乱百姓的生活；不要设计冗余繁杂的规章制度，限制百姓的谋生方式；不要收取过多的税赋给百姓造成过大的压力。当权者应时刻提醒自己，“天下多忌讳，而民弥贫……法令滋彰，盗贼多有”。当权者爱国爱民，适时休养生息，百姓自然会逐渐富足起来，自然也会拥护、支持当权者，当权者的地位自然会稳固，权威自然会得到保障。这一切都是自然形成的。

“是以圣人自知不自见，自爱不自贵。故去彼取此”。老子说，自知者明，自胜者强，当权者应该效法圣人。圣人自知，时常观察反省自己，凡事谦虚谨慎，以百姓心为心，“利万物而不争”。圣人自爱，爱惜自己的身体，珍惜自己的精、气、神，念念清静无为，事事遵道而行。圣人不会认为自己高人一等而蔑视他人，不会自认厥功至伟而处处彰显自己，不会为了炫耀自己的威权而盘剥百姓，更不会自诩足智多谋而玩弄手段伤害国计民生。如果君王能做到自知、自爱、自胜，那就能成为明君了。

【第七十三章】

> 勇于敢则杀，勇于不敢则活。此两者，或利或害。天之所恶，孰知其故？（是以圣人犹难之。）
>
> 天之道，不争而善胜，不言而善应，不召而自来，繟然而善谋。
>
> 天网恢恢，疏而不失。

《道德经》第七十三章，“勇于敢则杀，勇于不敢则活。此两者，或利或害”。现代人通常将“勇”和“敢”视为同义，组词“勇敢”，形容不畏危险和困难。但是，这两个字的含义略有差别。《说文解字》中说，勇是气也，古文中勇从心，勇由心生，所以，“勇”这个字多指心理层面的活动。“敢”字在甲骨文中描绘的是手持猎叉刺向猛兽的打猎场景，指的是“进取”的行为，因此，“敢”字多指行为层面的活动。

老子说“勇于敢”，实际上指心态上有勇气，并且在行为上也敢付诸行动；“勇于不敢”也指心态上有勇气，但是在行动层面上却谨慎犹豫的状态。

老子的这句话意思是说，有的人行事“勇于敢”，想到一件事不假思索就去做了，行动力很强，但是这种不经过思考分析、不计后果的做法，很容易为自己招来祸患。还有一种人是“勇于不敢”，他们有勇气，但是做事前要审慎考虑，反复权衡，这样的人往往能够规避风险，保证自身的安全，但是这种做法有时也会错失许多机遇。

那么是“勇于敢”好呢，还是“勇于不敢”好呢？有的朋友说，勇于不敢则活，当然是活着好了。但又有朋友会说，处处“勇于不敢”，前思后想，瞻前顾后，机会都被错过了，这样活着又有什么意义呢？那么老子是如何看待的呢？他说，我的观点是中道包容，或利或害，这两种做法各有各的阴阳，各有各的利弊。

“天之所恶，孰知其故？是以圣人犹难之”。此处老子打趣讲了一句笑话，一件事的结果是“上天”早已决定好的，凡人哪里能够知道呢？就连圣人也难以单纯凭借“勇于敢”或“勇于不敢”来判断啊！很多朋友看到这一段的内容又认为道家思想是宿命论，一切都已注定，人是无力干涉的，只能被动服从“命运”的安排。其实，这里老子只是打了一个比方，不论是“勇于敢”也好，“勇于不敢”也好，这些有形的行为并不是决定事情结果的最重要因素。

难道真有一个主宰者能主宰一切吗？并没有。“万物负阴而抱阳，冲气以为和”。前文讲过，事情的结果其实是我们自己过往的行为决定的。简单来看，这个世界由“阴”与“阳”组成，如果我们起初在因地选择了“阴”，那么结果必定为“阳”；起初在因地选择了“阳”，那么结果必定为“阴”。一旦“因”已确定，大道的“力”和“势”就开始向“果”去推进。而大道的“力”和“势”是我们寻常人无法抵御和改变的。所以，从表面看上去，似乎一切是“注定”的。

换句话说，“勇于敢”也好，“勇于不敢”也好，这些只是人们决策的形式，并非真正的决定性因素，我们不必对此过多纠结。一切只需如老子教导我们的那样，无为而无不为，明晰大道清静空无的原理，顺应阴阳转化之势，自然地做出合理的选择即可。

“天之道，不争而善胜，不言而善应，不召而自来，缂然而善谋。天网恢恢，疏而不失”。老子说，大道仿佛一架天平，它就在那儿，“独立而不改，周行而不殆”，它的“势”不可改变，它不会因为我们人为地去争夺、祈愿、召唤、算计而产生任何偏倚，发生丝毫变化。它好似一张精密的网，万事万物的运行都在其掌控之中，不会有丝毫的差错。我们过往的作为注定了后期的结果，但同时，我们现在的所作所为又可以影响未来的结局。我们应当仔细思考其中的奥妙，时刻反思自己，当意识到存在错误和不足时，及时改正调整，“夫唯病病，是以不病”。

【第七十四章】

> **民不畏死，奈何以死惧之？若使民常畏死，而为奇者，吾得执而杀之，孰敢？**
>
> **常有司杀者杀。夫代司杀者杀，是谓代大匠斫（zhuó）。夫代大匠斫者，希有不伤其手矣。**

《道德经》第七十二章，“民不畏威，则大威至。无狎其所居，无厌其所生。夫唯不厌，是以不厌”。老子说，当天下的百姓不再畏惧权威，管理者不再需要维护权威，社会上也不存在施加权威的制度时，那就是真正的太平盛世了，那才是一个当权者最大的权威。为什么这么说呢？因为当整个社会都安泰和谐，人人都慈爱利他，哪里还需要什么管理制度呢？当权者仁政爱民，不向百姓施压，百姓安居乐业，自然会拥护当权者，谁会想推翻他呢？

但是，并非所有人都懂得这个道理，因为“我执”，大多数的当权者还是喜欢“使民畏威”，即利用权力赋予的威势强迫百姓服从自己的命令，彰显自己的权威。而其中最典型、最极端的方式就是“杀人”，利用人们对死亡的恐惧，使大众屈服。那么这套“使民畏威”的做法真能行得通吗？

第七十四章，“民不畏死，奈何以死惧之？若使民常畏死，而为奇者，吾得执而杀之，孰敢？”老子说，人们真的会怕死吗？如果人们真的怕死，那当权者直接把那些不服从的人杀掉不就可以了吗？如此谁还敢违法犯罪呢？谁还敢挑战当权者的权威呢？事情真会如此简单吗？老子说，人怕死，但人也不是真的怕死，当被盘剥压迫至极点，被制度法律逼入死境之时，人就不会怕死了，他们反而会进行殊死反抗。这是阴极阳生的道理，历史上的陈胜吴广起义、黄巾起义、明末农民起义等都是非常好的例证。

“常有司杀者杀。夫代司杀者杀，是谓代大匠斫（zhuó）。夫代大匠斫者，希有不伤其手矣”。此处的“司”字有掌管、主事、主持的含义；“斫”字有砍、削的含义。老子这句话的意思是说，很多当权者自诩“皇权天赋”，有权“代天所杀”，代替“上天”行使“生杀大权”，而其真正目的是维护自己的统治，这样的当权者本质上就是“刽子手”。要知道，天底下的“刽子手”是没好下场的，因为他们杀生太多，日后必定也会被人所杀。因果报应丝毫不爽，老子告诫当权者，不可以用霸道的权威来维护统治，用“杀人”来维护自己的地位，这样的统治必然“自食其果”。

针对这一章的“代大匠斫”，我们还可以对比理解，参考第五章的“天地不仁，以万物为刍狗；圣人不仁，以百姓为刍狗”。我们知道，万物的生死转化，实质是阴阳的生克转化，万物有生即有灭，有灭亦有生，无为的大道在发挥“冲气以为和”的功能作用。就大道而言，实际上是无生无死、不增不减、不垢不净的。这与统治者因为“私欲”维护自身权威的“有为”之杀是截然不同的维度。上天有好生之德，老子不赞成当权者依靠“杀”和“暴力”来威胁百姓、奴役百姓。他倡导管理者要懂得“慈”，要践行“欲上民，必以言之下”，要“贵以身为天下，若可寄天下”。

这一章的内容，老子不仅是讲给国家的君王听的，也是讲给所有的管理者听的。管理者带领团队，其根本出发点应该是“善用人者，为之下”。我们应该真心地尊重和爱惜下属，为下属着想，为下属谋取利益。我们真心对待下属，下属自然会与我们同心协力，如此团队才能健康持续发展。作为管理者，如果单纯将员工认定为一种“生产工具”，要最大化地发挥其“赚钱”的价值，如若员工有不满和异议，就利用权威惩治他们，员工年龄大了，“性价比”不高了，就开除他们。这实际就是“夫代大匠斫者，希有不伤其手矣”所阐述的道理。从现代经济学的角度看，居民有了收入才能够支出，百姓有了支出企业才会有收入，财富本身是流动的，管理者如今看似聪明的“竭泽而渔”的短视行为，最终伤害的还是自己。管理者与下属本身亦是阴阳的两面，阴中有阳，阳中有阴，不可分而视之。

【第七十五章】

> 民之饥，以其上食税之多，是以饥。
>
> 民之难治，以其上之有为，是以难治。
>
> 民之轻死，以其上求生之厚，是以轻死。
>
> 夫唯无以生为者，是贤于贵生。

学习《道德经》，我们会发现很多内容都是老子给当时诸侯的理政建议，是讲给国家的当权者和管理者听的。这是因为不论在任何时候，相对于平民百姓，当权者总掌控着更多的资源，影响力更大。圣人引导当权者遵道而行，可以使资源配置的效率更高，更好地利国利民。但我们不可以认为《道德经》仅仅是讲给当权者听的，《道德经》讲述的是世间万事万物运化的真如妙理，当权者是道，平民百姓也是道，“道德”的原理同样适用于每个普通的企业、家庭和个人。

《道德经》第七十五章，“民之饥，以其上食税之多，是以饥。民之难治，以其上之有为，是以难治。民之轻死，以其上求生之厚，是以轻死”。老子说，百姓忍受贫寒饥饿之苦的原因是什么呢？是当权者为了增加自己的财富，贪图自身的享受，巧立名目，征收沉重的苛捐杂税所导致的。社会乱象丛生，百姓怨声载道，大家想方设法钻制度的漏洞来逃避管理，这又是什么原因造成的？这是上层管理者自以为是，为了彰显政绩功劳，设计出了冗余的规矩，颁布了烦琐的制度所引起的。民间暴乱不止，百姓人人“轻死”“不畏死”，纷纷揭竿起义，想要推翻当朝的统治，这是什么原因造成的？这其实是当权者为了维护自身权威地位，为了自己更好地“生”和“活”，进而推行太多暴虐的政策所造成的。

通过对上述事例深入分析，我们会发现当权者为自己的利益着想而推出诸多“自私”“自利”的治理措施时，就必定伤害到百姓，这是所谓的阴盛阳衰。当权者贪图自身富贵，百姓就会遭受苦难。《周易》中的损卦即说明了这一现象。损卦，上艮下兑，艮为山，兑为泽，山下有泽，君子观此卦象，应该以泽水浸蚀山脚为戒，从而制止其愤怒，杜塞其贪欲。这一卦的卦意是说，当权者为山居上，百姓为泽居下，当权者损下益上时，即从百姓中获取利益增益自己时，应该控制住限度，克制住贪欲。损，取之于民，还应用之于民。否则，当阴的力量持续增长，阳持续衰退，阴阳发生极端转化之时，也就是百姓被逼入绝境的时候，大家就会揭竿而起推翻当权者的统治，反过来受损的就是当权者了。这样的结果是谁造成的呢？是当权者自己造成的。管理如此，其他事亦如此。我们今天面对的所有的“果”，不论是令我们欣喜的还是不满的，都是我们自己造成的。

“夫唯无以生为者，是贤于贵生”。老子说，当权者要明晰大道阴阳的原理，在治国理政时，不要优先考虑自己和自己小团体的利益，不要自恃才智而有所作为，不要臆想自己能够创造卓绝的功劳。当权者应该向下看，一切从百姓的利益出发，以百姓心为心，真诚地为百姓解决民生疾苦的问题。百姓的生活富足了，自然会颂扬当权者的功德，支持和拥护当权者的政权。这一切行为看似无为之举，但结果却是无所不为，在无形中就开创了盛世。这一句对应的则是《周易》中的益卦。益卦和损卦是相反的两卦，损卦是损下益上，益卦则是损上益下。我们来看，益卦，上巽下震，巽为风，震为雷。风雷激荡，其势愈强，风雷相助互长，相互助益。益卦的卦意是说，当上层当权者甘于减损自己的利益而让利于下层百姓时，上下双方则可以相得益彰，相互助益，“利有攸往，利涉大川”。

这一章的内容实际上是老子对于《道德经》中君王爱国利民观点的总结。回顾前文，老子讲了诸如“后其身而身先，外其身而身存。以其无私，故能成其私”“贵以身为天下，若可寄天下；爱以身为天下，若可托天下”“欲上民，必以言下之；欲先民，必以身后之。是以圣人处上而民不重，处前而民不害，是以天下乐推而不厌”的观点。他老人家反复强调这些观点，一则是佐证“反者，道之动”，一则是他老人家知道知易行难。所以老子说，“知人者智，自知者明。胜人者有力，自胜者强”，能够克服自己的弱点，战胜人性的欲望，才是真正的强者，才能成为真正的圣君。

【第七十六章】

> **人之生也柔弱，其死也坚强；草木之生也柔脆，其死也枯槁。故坚强者死之徒，柔弱者生之徒。**
>
> **是以兵强则灭，木强则折。强大处下，柔弱处上。**

《道德经》第七十六章是老子对我们修身养性和为人处世原则的系统总结。他说，“人之生也柔弱，其死也坚强；草木之生也柔脆，其死也枯槁”。

观察人的一生，刚刚出生时，我们皮肤娇嫩，筋骨柔软，生命充满了喜悦和活力，这是“柔弱”的体现。随着年龄增长，我们的身体越来越强壮，筋骨也逐渐变得坚硬，这是所谓“成长”“强大”的表现。年幼时，我们跌倒了，爬起来拍拍身上的尘土，可以像没事发生一样，继续活蹦乱跳；年迈时，我们则颤颤巍巍，处处小心，因为稍微跌一跤就有骨折的可能，甚至还会有生命危险。当死亡临近之时，我们的身体则会变得僵硬而失去了所有活力。

我们观察草木的生长过程，当春天来临时，万物复苏，草木欣然萌发出嫩绿的娇芽，到处是郁郁葱葱的模样，四处都充满了生机与活力，这是“柔弱”的表现。当秋冬来临之时，草木枯萎，枝条坚硬易折，叶片槁黄凋零，这是走向死亡的征兆。

“故坚强者死之徒，柔弱者生之徒。是以兵强则灭，木强则折”。老子说，要时时保持警惕啊，“坚硬”和“强大”是走向“衰落”和“死亡”的信号；要时时提醒自己，“柔软”和“纤弱”是“生存”和“复兴”的法门。在国际关系中，当一个国家经济和军事实力强大了，必定引起周边其他国家的关注，这些国家为了自保，大多会缔结盟约进而打压和限制该国继续发展，原本和谐的国际关系就会变得紧张动荡，原本良好的发展态势也会发生转变。

当一棵大树还是弱小的树苗时，没有人在意它，因为它太弱小了，没有利用价值，它可以自由地生长。当它成长为需要众人环抱的参天大树时，它就面临着被他人砍伐的危险了。所以老子说，“强大处下，柔弱处上”。世人都在追求强大，但是当我们真正变强大时反而应该更加小心，因为我们即将走上衰退和没落的道路了。世人都厌恶弱小，当我们柔弱时，反而不必灰心丧气，我们应该怀有信心，积蓄力量。这是因为依据阴阳转化的法则，我们即将走向一段成长之路。

同理，想要变得强大，我们就要学会接受自己的柔弱，懂得利用柔弱，善于展示柔弱。当我们已然强大时，要懂得自我削弱，学会利他分享，这样我们才有可能走得更久、更远。想要健康长寿，我们就要懂得让自己的身心变得柔和，通过锻炼增加身体的柔韧度，通过静修来提升心灵的柔软度，通过救助疾苦的人来积累自己的善德，如此我们的寿命自然能够延长。

现如今人们越来越“内卷”，压力越来越大，生活也越来越茫然，感觉失去了方向，我们身边患有心理疾病的患者也越来越多。许多人外表看似阳光健康，但内心日夜饱受心理疾病的煎熬，更有甚者企图通过死亡来结束无有终日的痛苦。

道家常说，外感病好治，七情病难医。心理疾病相较于有形的伤病往往更加难以治疗。其实，在罹患心理疾病的朋友中，很多都是内心较为“坚强”，“我执”较为严重的人，他们不愿意向外界展示自己的弱点。这些人对自我的期待很高，对自我的要求也很严格，期望自己能有所作为。然而，当自我的期望一直无法兑现，努力无法获得回报时，内心往往会失去方向，容易产生焦虑抑郁的情绪。此时，如果他们自己不懂得及时调整，这种焦虑和压抑就会产生叠加效应，因为焦虑而更加焦虑，因为压抑而产生抑郁，从而容易钻牛角尖，走进死胡同。在这个时候，他们最需要的就是“柔”，坦然接受自己的柔弱，重新定义人生的意义，认可周遭发生的一切。

很多人此时亦有“强迫性”的思维意识，面对这种情况，最好不要与意识对抗，因为越排斥、越对抗，这些意识反而越加深刻清晰，我们反而会越加焦虑，这实际是我们在强化“分别”。我们最好能够诚恳地正视它们，接受它们，允许它们产生，因为它们本就是我们意识中的一部分，只是阴阳两面而已。我们可以试着放下所有对概念、现象的认知，放空自己的思绪，以中道包容的立场看待和接受这世界发生的一切。我们可以练习静修，思考这些念头从何而来又去往何处，从中体悟道家的清静无为，我们还可以尽可能地做有利于他人的事情。时间久了，我们或许会发现，自己的心境和生活逐渐好转起来。

【第七十七章】

天之道，其犹张弓与？高者抑之，下者举之；有余者损之，不足者补之。

天之道，损有余而补不足；人之道则不然，损不足以奉有余。

孰能有余以奉天下？唯有道者。

（是以圣人为而不恃，功成而不处。其不欲见贤。）

《道德经》第七十七章，“天之道，其犹张弓与？高者抑之，下者举之；有余者损之，不足者补之”。大道本自清净湛然，没有分别执着，兼具阴阳的共同属性，没有丝毫有所作为的想法，一切只是自然而然，无条件地发挥“冲气以为和”的作用。这就好比拉弓射箭，如果瞄准的方向过高了，就向下压一压；如果瞄准的方向过低了，就朝上抬一抬。看到这一边的资源聚集得过多了，就减少一些；看到那一边资源不足了，就增补一些。这是一种本然的阴阳平衡、协和统一。

《周易》中的谦卦阐述的就是这个道理。谦卦是六十四卦中最吉祥之卦，因为对于一个人而言，不论怎样谦，谦到什么程度都不为过。谦卦讲：“天道下济而光明，地道卑而上行。天道亏盈而益谦，地道变盈而流谦，鬼神害盈而福谦，人道恶盈而好谦。谦尊而光，卑而不可逾，‘君子’之‘终’也。”这一卦的简要意思是说，大道如阳光一般普照大地，自然地将多余的部分减少，用来填补不足的地方。“谦”本身就是一种大道对自我的平衡调节，损己而利人。君子应该效仿大道，以裒多益寡，称物平施，这样才可以善始善终，持盈保泰。这一章的内容其实是老子对大道体性的总结。我们可以简要回顾，反复体会和参悟，以更深层次地感受大道清静无分别的体性与阴阳平衡的关系。

大道的本体是清静而空无，但这种空无并不是“什么都没有”的全无。

借用量子力学解释，它是一种看不见、听不到、摸不着的“波”，当这种“波”遇到分别时，就会呈现出粒子的实物化状态。大道清静空无的本体因为分别和执着的作用而产生了实物、实相。实物、实相又因为分别和执着的程度各异，从而呈现出世间万物纷繁复杂的种类、形态。

既然世间万物因为分别执着而产生，分别即存在“不同”，“不同”即存有“变化”。于是，道家将这种“分别”出的“不同”命名了一个代号——“阴阳”。万事万物都有“阴阳”，也遵循着阴阳生克转化的法则。但是，阴阳虽在变化，但是在“阴阳”转化的背后，大道的本体属性却从未发生过变化，自始至终保持清静空无、不生不灭、不增不减、不垢不净。阴阳转化只是大道的本体在平复分别，平衡阴阳，回归空无本源时自然发生的作用。这种作用是客观的，没有主宰的，不以任何人或者事为转移的。从究竟义上看，大道本无阴阳之分，一切皆平等，一切都和谐，一切皆为统一。

因此，当我们同样以统一的、平等的态度对待万事万物时，一切就会趋于和谐。当我们的身心阴阳平衡时，就会呈现出宁静健康的状态；家庭关系阴阳平衡时，就会呈现出幸福和睦的状态；社会关系阴阳平衡时，就会呈现出融洽友好的状态。同理，家与家、企业与企业、企业与客户、政府与百姓、国家与国家间都应该讲求阴阳和谐平衡。这是“道体”与“德用”协同为一的原理。

“天之道，损有余而补不足；人之道则不然，损不足以奉有余。孰能有余以奉天下？唯有道者”。老子说，大道发挥平衡阴阳的功用，无分别地减损多余的部分来填补不足的空缺。但是人呢？人的作为恰恰相反。人在本性上强化“自我”，事事以“自我”为中心，为了“自我”而产生了无穷无尽的欲望。即使自己已经非常富足了，还是希望能够更多地攫取他人的资源，继而获取更多资源，这也是世间贫富差距的根本原因。

那么这种现象会一直存在吗？谁来将这种不平衡的关系打破？谁来将资源重新分配呢？老子说，唯有大道。当资源失衡达到极致时，大道会以一种无形的力量和形式再次调节分配资源，使其重新达到平衡的状态。到那时，对于“损不足以奉有余”的群体，他们努力积攒的资源将会被“无私”地“平衡”。这也是历史上为什么没有永恒的王朝，也没有永久的士族权贵的主要原因。

“是以圣人为而不恃，功成而不处。其不欲见贤”。老子说，圣人是如何做的呢？圣人效法大道，没有分别执着，天人合一。圣人既不会认为“我”有丝毫作为，也不会认为“我”有任何功劳，更不会有满足“我”的欲望。没有了“我”，没有了分别，万物众生皆是一体，一切包容而平等，一切都自然地利他，利他就是利我，这是真正的无为。当真正做到无为之时，一切又重新归属于我们，看似一无所有，实则得到了所有。这就是大道玄之又玄的奥秘啊！

【第七十八章】

> 天下莫柔弱于水，而攻坚强者莫之能胜，以其无以易之。
>
> 弱之胜强，柔之胜刚，天下莫不知，莫能行。
>
> 是以圣人云：“受国之垢，是谓社稷主；受国不祥，是为天下王。”正言若反。

学习《道德经》，一则是让我们能够理解整个寰宇世间是如何产生、怎样运作的，二则是在实践上让我们能够运用“道德”来真正解决问题。

《道德经》第七十八章，“天下莫柔弱于水，而攻坚强者莫之能胜，以其无以易之”。老子说，上善若水，天下最接近于“道”的物质就是水了，它自甘“下流”，处在众人所厌恶的地方也无所畏惧。它没有分别执着，利万物而不争，是天底下最为柔弱的东西了。但是，就是这柔弱的水却能够发挥水滴石穿的作用，击破世界上坚硬的岩石。反过来，如果我们用坚硬的物体去攻击水，水却可以安然无恙。为何会如此呢？这是因为水的柔弱属性使得物体的坚硬无法发挥作用，冲击的力量被这份柔弱完全卸掉了。

前文我们说过，世人皆沉迷于自我，哪怕是父母与子女、丈夫与妻子这般亲密的关系，也逃离不了“以我为主，以我为先”的束缚。你为什么“不爱我”，这件事应该“听我的”，好东西应该“给我”。由于这份对“我”的执着，世人才会产生矛盾，而当矛盾产生时，大家又通常会以“硬碰硬”的方式捍卫自己的利益，结果往往是两败俱伤。今日我们学习了道家思想，往后当我们再遇到这种难题时，自然就知道该如何化解了。

“弱之胜强，柔之胜刚，天下莫不知，莫能行”。老子说，现在柔弱能战够胜刚强的道理已经天下皆知，但是能够践行的人却少之又少。为什么呢？这里老子又提出了一个非常重要的问题，那就是“行”。修习道德不仅仅是在认识上掌握理论就可以了。理论思想最初源于实践，最终也要回归于实践。我们学习、理解乃至参悟了道德之后，也要真正去实践，通过修和行来验证道德，在思维和行止中去贯彻道德，只有实际证得了道，才真正得道了。老子说，只明白了道理，而不去践行，那是毫无用处、毫无意义的。

我们来看一则公案，白居易曾向鸟窠禅师请教佛法的真谛。鸟窠禅师答：“诸恶莫作，众善奉行。”白居易听后不以为然，他认为佛法深奥莫测，不可能如此简单。于是追问：“白曰。三岁孩儿。”鸟窠禅师答：“三岁孩儿道得，八十老人行不得。”三岁小儿都懂的道理，但是八十岁的老翁却无法践行，这也形象地刻画出了行之不易。

以学习为例，我们自小就知道“好好学习，天天向上”“少壮不努力，老大徒伤悲”“活到老，学到老”的道理。但是为什么还有许多人做不到呢？说到底，还是因为“我”的缘故，我们执迷于身体的享受，不愿意付出辛苦；我们贪图玩乐，认为还有很多时间可以拖延。然而到最后，当我们拖无可拖时，当我们面临真正的问题时，我们才追悔莫及，才体会到“老大徒伤悲”的苦楚，才感受到好好学习的重要性。学习知识如此，修证悟道亦如此。老子在《道德经》即将结尾之时，悉心叮咛我们，要我们真正去修习和践行大道，这才是《道德经》的真实意义所在，要去行，要去用。

“是以圣人云：‘受国之垢，是谓社稷主；受国不祥，是为天下王。’正言若反”。老子说，要真正地践行大道，成为社稷之主，就要担负起应有的责任和使命，为百姓服务，要像水一般，甘于处众人之所恶，不惧为了百姓承受所有的骂名。成为天下的王者，就要敢于以一己之力去承担天下的不祥和灾祸，甘于奉献和牺牲自己，独自挑起百姓的痛苦与不幸。老子说，这样的话，大家都会听、都会说。但在现实中，当要我们实干的时候，我们就会推三阻四、畏首畏尾。因为要人们跳出自己的舒适区，克服自己的贪婪，战胜自己懒惰的本性，实在太过困难了。

【第七十九章】

> **和大怨，必有余怨，[报怨以德，]安可以为善？**
> **是以圣人执左契，而不责于人。有德司契，无德司彻。**
> **天道无亲，常与善人。**

《道德经》第七十九章，“和大怨，必有余怨，报怨以德，安可以为善？”老子说，矛盾的双方积累了很大的仇怨而产生了冲突，即使这种仇怨后期得到调和缓解，也必定留下余怨的伤疤。这就好比钉子被钉入木头，拔出之时必然留下钉孔一样。老子问我们，这种具有“后遗症”的调解，能叫作真正的“善”吗？真正的“善”应该在怨恨没有产生之前就将其化解掉，使仇怨根本无法产生，如此才能称为真正的善啊。

“是以圣人执左契，而不责于人。有德司契，无德司彻”。这里的“左契”是指符契的左半边，用现代的语言讲就是合同一式两份，分为左契和右契，双方各持一份。此处，老子打了一个比方，如果圣人与他人做买卖，在合同交割时发现对方没有能力履行约定了。面对这般损失，圣人怎么办呢？老子说，圣人“不责于人”，圣人不会责难于对方，他知道对方当前面临困境，一时无法履约。于是，圣人手里拿着契约并不催促，给予对方充分的宽容和体谅，甚至主动提供帮助支持，让对方有喘息调养的机会，这是有德之人的做法。

那么无德之人又如何做呢？无德之人生怕对方无法及时履约，担心自己的利益受到损失，于是他们打官司，将对方告上法庭，要求冻结对方的资产，变卖对方的现有财产来履约。这种釜底抽薪的做法，其实是将对方逼入绝境，会造成两败俱伤的结局。采取这种方式，纵使我们能够保证自己的财产没有受损，但与对方的友谊和合作关系也彻底破灭了，甚至还会埋下怨恨的种子。如若他日对方东山再起，我们非但没有再次合作的机会，反而容易招致对方的打击报复。退一万步讲，纵使双方能够达成和解，这一段留有余怨的记忆也永远无法抹去。

这时候有的朋友会说：如果我不“司彻”，不去起诉、冻结他的资产，我就会面临损失，人不为己天诛地灭。况且，我要对公司负责，公司要对股东负责，我不起诉，别人也会起诉。整个利益链条即如此，社会环境即如此。的确，当今的社会状况确是如此，因为自利的观念已经深入人心。那么老子是如何应答的呢？这时老子说，“天道无亲，常与善人”。大道是无亲而无情的，它长养万物的同时又以万物为刍狗。但是，这种无亲和无情才是真正的公正和包容。如果大道有亲有情，那就会存在偏私，有偏私那就意味着失去了公正平等，我们反而需要担忧了。正是因为大道“独立而不改，周行而不殆”，所以我们可以无理由地相信阴阳生克转化的法则，相信与人为善、与人为慈、无私利他必将能获得相应的回报。所以，大家尽管去做善事吧，大道不会亏待我们的。

当然，这种回报未必是某一特定的方式，它可能是债务方提前还款补偿，可能是我们身体的疾病得以康复，可能是意外躲过了突发的灾祸，可能是家族后代成长进步，可能是自己的职位获得提升，或者是无意中签订了一笔新的合约，回报的方式不会固定，但是“反者，道之动”的法则真实不虚。

【第八十章】

> **小国寡民。使有什伯之器而不用，使民重死而不远徙。虽有舟舆，无所乘之；虽有甲兵，无所陈之。使民复结绳而用之。**
>
> **甘其食，美其服，安其居，乐其俗。邻国相望，鸡犬之声相闻，民至老死，不相往来。**

《道德经》第八十章，“小国寡民。使有什伯之器而不用，使民重死而不远徙”。这一章是老子对“无为之治”的总结，与第三章表达的含义相同。第三章中，老子说“不尚贤，使民不争；不贵难得之货，使民不为盗；不见可欲，使民心不乱”。我们不必刻意标榜和宣扬贤能，这样百姓就不会为了成为“贤能”而钩心斗角、尔虞我诈。我们不必去鼓吹和追捧稀有珍贵的宝物，这样就不会激发大众贪婪的占有欲而引发偷盗的行为。我们不要操纵和引导大众追求私欲，如此百姓就不会因为追求物质财富而苦恼迷茫，民心自然会祥和安定。我们的一切作为应是无为，不需要什么才智技巧，只保持厚朴、自然就好。

在第八十章，老子提出了“小国寡民”的概念。许多朋友认为老子倡导所有的国家和百姓都应该以“小国寡民”为目标，将大国分裂成诸多小国，降低人口的数量，以此便于统治和管理。其实不然，老子此处所言的“小国寡民”实际上是一种无欲、不争、知足、知止的心态和理念。国家的管理者不以成为名垂千古的圣王明君为目标，不以建立声名远播的盛世大国为目的。管理者只需凡事以百姓心为心，甘于以谦恭的身份全心全意地服务百姓。管理者不畏惧"小国寡民"，把自己设想成一个小地域的服务者，无欲无求，为的仅仅是百姓的安居乐业和富足健康。老子说，管理者如果以这样的心态治国，一切无为之治，国家反而富足兴旺起来，可以达到前所未有的盛世景象。

在这样的繁荣盛世里，纵使科学技术高度发达，人们可以制造出先进的生产生活工具，百姓却不必使用。人们懂得知足知止，不再热衷于追求有形的物质享受，大家更加注重无形的精神满足。这是因为当我们真正见识到无形的精神财富后，就会发觉所谓有形的物质财富和感官满足根本不值一提。在那个时候也没有所谓贫富差距，国与国、区域与区域、人与人之间的关系皆平等、和谐。百姓通达了生命的真实意义，不再前往远方奔波劳累换取更多的财富。

"虽有舟舆，无所乘之；虽有甲兵，无所陈之。使民复结绳而用之"。老子说，那个时候，即使交通工具非常发达，由于人们没有出行的必要，所以这些交通工具也无法派上用场。那个时候，纵使武器装备异常先进，由于世间没有争端、冲突，所以这些武器只能放在仓库里累积灰尘。那个时候，纵使我们拥有诸多高级器具，由于我们无需使用，所以这些器具就好像废品一样被闲置在各处。百姓的生活就如同回到了最原始的时代。

"甘其食，美其服，安其居，乐其俗。邻国相望，鸡犬之声相闻，民至老死，不相往来"。《黄帝内经》中也有类似的一句话，"故美其食，任其服，乐其俗，高下不相慕，其民故自朴"。意思是说，百姓生活富足，可以享用甘美健康的食物，穿着舒适得体的衣服，安居乐业，怡然自得，社会一片和谐康乐的景象，这就是真正的"朴"。那时不仅某一个国家如此，天下尽如此。国家与国家之间和平相处，即使邻国之间的百姓彼此居住得非常近，以至能够听见邻家鸡犬的叫声，但是大家直到老死也没有打过任何交道。为什么呢？因为彼此的生活都富足康泰，大家都安住在宁静自然之中，不需要有贸易和交流，更不存在冲突和争端，所以自然就没有来往的必要了。

这一章，老子向我们描绘了"无为而治"的世界究竟是怎样的景象。在那样的情景下，有为法已经没有意义了，一切都是“无为而无不为”。至此，有人会问，这样“无为而治”“有而无用”“近而无交”的景象真能够实现吗？老子说，可以的。我们只需要清静无为，道法自然，就能够亲自验证。

【第八十一章】

> 信言不美，美言不信。
>
> 善者不辩，辩者不善。知者不博，博者不知。
>
> 圣人不积，既以为人，己愈有；既以与人，己愈多。
>
> 天之道，利而不害；圣人之道，为而不争。

《道德经》最后一章，“信言不美，美言不信”。老子说，真正让我们受益、对我们有帮助的言辞其实并不好听，甚至是逆耳的。为什么呢？因为真正对我们有助益的言语，大多会指向我们的弊病和短处，常人是难以接受的。动听的语言大多是赞美我们的长处的，所以我们非常愿意倾听。但是，老子提醒我们，这些动听的言语会助长我们的傲慢之心和堕怠之情，让我们落入自见自是的陷阱，不利于我们的进步和成长，这样的美言不可相信。

“善者不辩，辩者不善”。老子说，内心笃信美善、行事遵行道德的人是不需为自己辩解的。因为他们已然无私、无我，根本没有为自身利益考虑的想法。冤枉就冤枉吧，委屈就委屈吧，在他们的脑海里连“我”“冤枉”“辩解”的概念都没有，一切外境的变化丝毫不会影响到善者内心的清静。反之，善于辩驳的人，勤于争论的人，他们为什么要辩解呢？因为他们想要证明自己，维护和争取自己的利益，既然有“我”存在，那就是存有私心的，有私心就不是真正纯粹的“善”。

“知者不博，博者不知”。老子说，真正智慧通达的人不会四处宣扬称赞自己，他们谦恭而低调，淡泊而严谨，因为他们深明大道，大道无涯，学海亦无涯，一切本自清净湛然，无所谓炫耀与不炫耀。在他们的脑海中，甚至连“我”“道”“悟道”的概念都不曾有过。反之，那些自以为是、喜欢四处夸耀自己学识渊博的人，恰恰是沉迷于“我执”的人，因为他们想要极力证明自己，所以有了些许成就就到处宣扬，实际上他们才是一知半解、一叶障目的井底之蛙。

“圣人不积，既以为人，己愈有；既以与人，己愈多。天之道，利而不害；圣人之道，为而不争”。老子说，圣人是无“私”的，不论是物质财富还是精神财富，他们都不是为自己积累，他们的一切作为都是利于他人，他们毫不吝惜地将自己的所有给予他人，成就他人。但是，这种无私的利他行为并没有让他们的财富变少，反而使他们拥有的越来越多。

老子说，圣人舍弃自己，以无为和不争之心服务众生，以无私和利他之心增益天下，结果百姓人人拥护支持，天下众生皆来归顺，无形中反而得到了天下。老子说，假使我们实在无法理解《道德经》的玄妙真理，那么我们也应该记住这八个字——“利而不害”“为而不争”。这八个字也恰恰是老子所言之三宝，“慈”“俭”“不敢为天下先”的切实体现。这是《道德经》要诀中的要诀，是我们在这个世间思维行止的根本出发点，也是获得美好、幸福生活的核心秘密。

第八十一章是《道德经》的最后一章，不同于第一章的“玄之又玄，众妙之门”，这一章既没有华丽的语言，也没有至深的法理，只是描述了平淡、朴素、简易的生活常识。在这一章，老子告诉我们“信言不美，美言不信”，告诉我们“既以为人，己愈有；既以与人，己愈多”，告诉我们“但行好事，莫问前程”，告诉我们“最玄妙的其实就是最普通的”。

大道至简，真理就存在于我们日常的粗茶淡饭之中。天下万物本来出自道，天下万物本来就是道。真如妙理是道，柴米油盐亦是道，道是道，德亦是道；德是德，道亦是德，万法万物实无分别，本自一体。所以，修习道德不是为了逃避责任，而是为了承担责任；修习道德不是为了独善其身，而是为了造福百姓；修习道德不是为了出世的脱离苦海，而是为了入世的救度众生。这才是“有”与“无”的真正结合，才是真正的圆融无碍、真实不虚，才是真正的“得道”真经。

后　记

随着九九八十一章的《道德经》讲述完毕，《道之理》这本书的内容也进入尾声。本书乍一看好像是对老子《道德经》的翻译。但我的本意是希望以《道德经》为载体，阐述道家思想背后所隐藏的逻辑和原理。因为道家思想的内容非常深奥，需要有一根主线将其串联起来，以“神”驭“形”。由此，我们可以深入了解道家思想对于整个寰宇世间的思考，并深化对阴阳转化法则的认知。

《道德经》中，老子为我们揭示了寰宇世间的真如实相乃是一体的“清静空无”。然而这个“清静空无”又并非绝对寂灭的“全无”，它实际是一种看不见、听不到、摸不着而又活生生的“有”；它是一种无状之状、无物之象，但是又其中有象、有物、有精；它兼备“阴阳合一”的属性，它无生无灭却能生万法；它既是“无”又是“有”；它虽是“空”却能“显”；它本自清净湛然，却又能够发挥造化万事、万物、万法、万象的作用。

因为道的本体具有能生万法的鲜活功用，所以它能够显现出“分别”，因为“分别”而衍化为“实有实相”。一切的“实有实相”又皆呈现出“阴”与“阳”的状态，“阴”与“阳”不断地转化，继而形成“易”。在“易”的背后，推动一切变化的动力反过来又是这个“清静空无”“冲气以为和”的本体。老子将这个形而上的、出世间的“清静空无”勉强命名为“道”，将这个形而下的、世间的“实有实相”勉强命名为“德”。

但是，真的存在“道”和“德”吗？“道”与“德”本是一对代号而已。

世间万法本是心物一元，“道”从“道”中来，“德”亦从“道”中来。道本是道，德亦是道，万物皆出自道，万物皆是道。

在本篇后记中，我还有一些粗浅的观点和感受想与大家分享，期待抛砖引玉，并请大家多多指教。

首先是包容和信任。老子说，“道生一，一生二，二生三，三生万物”。既然万事万物生于分别，万法万象的根源在于分别，那么我们首先应该做的就是放下分别。我们需要以一个无分别的、空无的、包容的、信任的心态来看待《道德经》和道家思想。其实不仅仅是道家思想，对于世间的万事万物亦是如此。倘若我们能如婴儿一般，以“无有立场”的立场去坦然面对世间万象，我们就可以超越阴阳的二元偏执，以一个真正圆融的视角来看待世界。

其次是体会和验证。这里的体会需要我们用“心”来体会，而非用“头脑”来思考。思考在本质上仍是一种形而下的“有”，唯有“心”的体会才能悟到形而上的“无”。我们要用“心”去感悟大道“空无”与“实有”的属性，感悟“阴”与“阳”的无常法则。那么这个“心”究竟是什么呢？它实际上是包含了我们眼、耳、鼻、舌等感官以及与外境一切无形有形法象的交互。因为世间万法万象本是一体，所以我们也应该从这个一体中去体会和感悟。

在体会和感悟的同时，我们可以随时随地结合身边发生的事进行验证。碰到任何现象，我们都可以用中道包容之心来观察，探索现象产生的缘由和历程，检验其是否符合“道德”的规律，由此我们可以不断增强自己闻、思、修、行的信心。

再次是实证和行动。单纯持有高深的见地是远远不够的，是没有实际意义的。我们需要切身实证。在实证方面，我们需要时常练习清静的心态，不断地增强包容外境的能力，降低自身的欲望，减少精、气、神的损耗，时时处处清明自己的思绪，稳固自身的定力。遇见世事，我们不必再按照世俗的价值观来强迫自己，也不必以自己的立场观点去强求别人，一切顺其自然。“专气致柔”“涤除玄鉴”，如此我们会逐渐步入“致虚极，守静笃”的状态。这里我们需要注意，“致虚极，守静笃”“清静空无”是“无为”和“自然”所达成的结果，并不是要求。如果我们在实证的过程中，刻意要求自己“虚”“静”“空”“无”，那其实是陷入了另一种“有”，并非真正的“无为”和“自然”。

行动方面，我们应秉承“反者，道之动；弱者，道之用”“居善地，心善渊，与善仁，言善信，政善治，事善能，动善时”，一切行为皆依道而行，遵循阴阳生克变化的法则。在日常事务中，我们信守“慈”“俭”“不敢为天下先”，时时刻刻反思自己的行为举止。倘若真能做到，那么修身、齐家、治国、平天下都将无往而不利，功成事遂。

最后是放下和忘却。当我们真正读完了这本书，真正理解了道家思想，我希望大家能够放下书本，忘却道家思想，不要让书中的道理成为我们的束缚。万法万象，本自清静，本为一元，本无分别，本是自然，所有的文字与思想不过是为我们指向明月的手指，我们不可将手指误认为明月。明月就是明月，无须多说，也不必说。正所谓“我来问道无余说，云在青天水在瓶”。

寻　道

隋毅

清静池里寻清静，
莲花海里觅莲花。
本自圆觉具足，
云何颠倒寻它？